令和ヤクザ解体新書

極道記者が忘れえぬ28人の証言

佐々木拓朗

【装丁・本文デザイン】
鈴木俊文（ムシカゴグラフィクス）

【イラスト】
長嶋五郎

【カバー写真】
© iStock.com／Nastasic

序章　緊急事態宣言とヤクザたち

「不謹慎な言い方かもしれんが……」

そう前置きを述べた恰幅の良い男は50代半ばというところだろうか。有名スポーツメーカーのセットアップを着込み、腕にはロレックスのデイトナが巻かれていた。

「この10年、ワシらの業界はすっかり冷え込んだ。それもこれ以上にないくらい景気は悪くなるばかりや。とてもじゃないが、正業なんかで食っていけん。そもそも正業でメシが食えるならば、ヤクザなんぞにならんでええわけやからな」

と話し続ける男は某二次団体の幹部。一時は事務所も構えて、組名乗りをしていた一家の長であった。だが、組の運営はむずかしいようだ。

「キャバクラや飲み屋なんかの守り代（みかじめ料）なんかをもらっていたら、あとあとパクられることを考えないとあかん時代や。守り代いうたかて関東なんかは違うが、こっちでは1店舗三万〜五万円や。そないな金額でパクられとったら話にもならへん。ウチがもろうとんのはインカジや闇スロや。ハナから違法なんでコロナ云々は関係あらへん」

男によれば、インターネットカジノ店や闇スロット店などからのみかじめ料は、1店舗平均二十万円になるという。もとより存在自体が違法な店であるため、合法な飲食店よりも割が良い。そのうえ、コロナ禍によって行政が出した休業要請など関係がないというわけだ。

「それに、コロナが席巻すればするだけ捜査の手は緩くなる。それどころとちゃうからな。その分、シノギがしやすなるんが実情や。キレイ事を口にすんのは簡単やけど、もうそんなキレイ事を言うこともできんところまできてるのが現状や。はっきり言うて、持続化給付金で焼け太りしたヤクザもんも実際ようさんいとんやで」

焼け太りとは、火事にあったことで保険金などを得て、以前よりも豊かな生活をすることだ。マジメに事業をしているヤクザは少ない。コロナで損害を被って、保険となる持続化給付金を受け取る資格はない。男が話す「持続化給付金」とは詐欺を指しているのは明白だ。

審査が甘いとされた持続化給付金を申請させ、その書類を作成させることを名目に手数料を抜く人間たちが実際に存在していた。もちろん申請書類は全てデタラメで、作成する人間を作り、その作成料に十万円。さらに仲介手数料として、十万円を給付金から抜き取る手口が横行している。そうした手口に捜査のメスが入り始めた矢先に、再び感染者が拡大し、緊急事態宣言が発出される。また給付金が策定されて、捜査を逃れた詐欺の手口を進化させる。そんなことが繰り返されているのだ。

「それに加えて、特定抗争（暴力団対策法における特定抗争指定暴力団）や。それまでは毎日、スーツ着て、ネクタイ締めて、朝から事務所に通勤せなならなんだ。それが警戒区域内の事務所は使用禁止や。おかげで、身体が拘束されることも少なくなっていた。そこに、コロナや。密になったらあかんいうことで、寄り合いなんかも中止されることも多い。ヤクザはただでさえ若い頃、暴飲暴食をしてた人間が多いので、ある程度の歳になったら健康に気を使うようになるんや。タバコを辞めて、酒も嗜む程度で無茶な飲み方なんてせんようになってくるわ。それだけ日頃から健康には気を使うので、コロナなんてもっての他や。若いもんも身体を拘束されんので、内心それだけでも喜んでるもんも、ようさんいとるわな」

組織のために使う労力が減り、当局の追及も緩和された。コロナがヤクザに与えた影響はそれだけではない。ヤクザならば避けては通れない服役にも多大な影響を及ぼしている。

「例えば、裁判中に保釈がきいて一時的にシャバに戻れたとするわな。ほんなら判決が出たら再び収監となるんやけど、その収監前に体調が悪い、コロナかもしれん言うたら、収監をいくらでも引っ張ることができたんや。田代まさしなんかもそうや。ウソかホンマかは本人やないから知らへん。そやけど判決が確定しとんのに、なかなか収監されんと、雑誌に釣りしてるところを取材されとったやろ。そんなもん、これが正常に機能してる時ならありえへんがな」

すでに刑務所の中にいる受刑者にもコロナ問題は大きく影響しているという。工場を閉鎖させて舎房での室内作業に変更させていた刑務所もあるそうだ。また、年末年始も通常であれば、どの矯正施設も御用納めとなる12月28日まで作業をさせ、29日から1月3日まで正月休みとされていたのだが、施設によっては少しでも密集させないために、さらに大型連休にしているところまであるそうだ。

「それだけやない。コロナの影響で素行の良い懲役（受刑者）は、少しでも早よ出そうという風潮になってて、仮釈をようさんもらえとる。ワシらにとってはもう10年も前から非常事態になっとんねん。もうここまでくれば、これくらい世の中が変わってくれた方が、まだ食うていける。不謹慎な話やけど、これがワシらの実情や」

そこまで話し終えると、男はまだ湯気が立つ珈琲に口をつけ、携帯電話を取り出してどこかに電話をかけ出した。

――おう、夕方までに集金に行っとけよ。集金終わったら電話せえ！

何の集金かは分からない。ただ目の前に座る男はヤクザである。合法か非合法かと考えれば、可能性として後者の方が高いだろう。

「マスクはもうあかん、儲からん……」

少し思案するような表情で、こちらに話すでもなく男がひとりごちた。


新型コロナウイルス感染症は全世界に深刻な影響を与えた。東京五輪を延期した日本は国難に直面していると言っていいだろう。しかし、某二次団体幹部によれば、この国難はヤクザに生きる糧を与えてくれる一筋の光明となっている。逆説的に言えば、現代ヤクザは反社会的勢力と位置付けられ、国難が希望に映るほど追い込まれている。

この30年間で暴対法が5度にわたって改正され、そのたびに規制が追加された。シノギ、抗争、組織運営、どの面においても司直の追及を受けることになった。そして、10年前に全国で施行された暴力団排除条例によって、一般社会との断絶が進み、いよいよヤクザは存亡の危機に瀕している。本書は2021年現在、令和ヤクザたちの実情を綴った記録である。

目次

第一章 現代ヤクザの処世術

苦境の中にある現代のヤクザたち。当局の締め付けがなくても、親分に仕え、組織に身を捧げる、決して楽な生き方ではないはずだ。彼らにとって、ヤクザを続けていくことへのモチベーションはいったいどこにあるのだろうか。

ひと昔前ならば、いい女をはべらし、いい車に乗り、うまいものを食べるために、組織の門戸を叩く若者たちが存在していた。その多くは職に就く気もなく、誰にも頭なんて下げたくない、そんなクセ者たちだった。そんな中で頭角を現し、自分の力のみで立身出世していく。それがヤクザのサクセスストーリーだった。しかし、時代は変わった。

●CASE1 出世は損をするだけ……40代現役幹部の場合

「アホなことを言うたらあかんがな。銭はかかるし、責任は押し付けられるし、身体は（組に）取られるし、サツには狙われるしで、出世しても損しかせんがな。ぐっすら（たくさん）銭を持っとんなら、出世するのもステータスになるか知らんけど、そもそも銭があったら、もうカタギになっとるわな。出世するんやない。逆や。みんな出世させられんようにするために、うまく立ち回っとんねん」

ヤクザとしての野望を聞こうとしたこちらをせせら笑うかのように、こう話すのは40代後半の現役幹部だ。三次団体で要職に就いているのだが、出世しないためにうまく立ち回るとは、いったいどういう意味なのか。

「仮に組事にしても、率先してやらんように極力、気をつけとんや。コイツは使えると思われたら、嫌でも役職をつけられて、仕事が増える。銭だってかかってくる。使えるヤツや思われるよりも、ちょっとくらいコイツは使えんヤツやと思われてた方がええんや。車の免許証なんかも持っとんのに、持ってへんて嘘をつくなんてザラやで」

出世を夢見ることもなく、それどころか未来に展望を描くこともない。それでもヤクザを続けている理由とはなんなのか。

「辞める理由がないからや。世の中には、やっぱりいとんねん。朝から晩まで決められた時間まで働いて、安い給料で毎日、働くなんてバカらしくてやってられるかって人間がな。ワシらでもそうや。それで結局、みんなダラダラとヤクザを続けてる人間が実際に多い。特にワシらなんて、物心ついた時から、この世界で生きてきて、ヤクザしかしたことがないんや。歳を取れば取るだけ、カタギになるのが難しい。ホンマにカタギでやっていけるかって不安やわな。それでも、まだワシらが20代の頃は抗争で身体を賭けたり、こっちの世界にも夢があった。出世しようって野心もあった。今は、パクられず、組内で必要以上に引き上げられることなく、いかに現状を維持できるかや。だいたい皆、似たようなもんとちゃうか」

惰性でヤクザを続ける幹部にとって、三次団体の要職はちょうど良いポジションらしい。出世を諦めた幹部も若い頃には抗争で身体を賭けることに、夢を感じていたことは認めている。では、出所後のヒットマンたちを、いかなるヤクザ人生が待ち受けていたのか。

●CASE2 出所後のヒットマンを待ち受けるもの……50代男性の場合

「もう辞めたから、今は生活保護をもらって、ひっそりと暮らしてる。ヤクザ業界のことは足を洗ってからは興味がないかと言われれば、そうではない。ネットニュースやSNSなんかを見て、そんなんになってるんかと、気にはなっている。ただ、またヤクザに戻る気はあるかと言われると、そんなつもりはさらさらない。今はそんなことより、生活保護を切られないかどうか、いつもどこかでビクビクしている」

男は、他団体との抗争でヒットマンとして敵対する組員を射殺。10数年の服役後に社会復帰し、出所後すぐに名門組織の幹部に昇格。放免祝いとして、総額約二〇〇〇万円を手にしたと言う。服役中は世の中も景気が良く、社会で帰りを待っている家族も、所属する組が面倒を見てくれていた。傍目にはヤクザにとっての出世コースを駆け上がっていたかのように見える男はなぜ足を洗い、現在は生活保護を受けるまでになってしまったのか。

「単純な話や。シノギがなかった。いくら二〇〇〇万をもらったからといって、それで一生遊んで暮らせるわけじゃない。出てきた半年間は当番も会費も免除されたが、半年後からは会費だって納めていかなければならないし、それなりの役職にも就いてしまっていた分、組に納める金額も高い。気がつけば、二〇〇〇万円の金が2年を持たずに溶けてしまい、会費も滞るようになってしまい、事務所にも顔を出す回数が減っていった」

男がヒットマンに抜擢されたのには理由があった。自分から志願したわけではない。四方八方の関係先に借金があり、首が回らない。いわゆる、がんじがらめの状態だった。そんな時に、ヒットマンとしてのお鉢が回ってきたわけだ。

「それでも断ることはできた。最終的に決断したのは自分自身。無理矢理やらされていたら、全てを謳って（自供）いたかもしれない」

警察は常に組織上層部への突き上げ捜査を狙っている。ヒットマンが組織の関与を供述すれば、当局にとってはありがたい限りである。次々と上層部を教唆で逮捕していっただろう。ちなみに、実行犯よりも指示した上役のほうが刑罰の相場も上になっている。昨今、

組織犯罪処罰法も整備され、その傾向はますます顕著だ。

「自分の場合、その時は一発逆転を狙ったつもりだった。だが、今から思えば、目の前の現実から逃避するためだったかもしれない。それほど困窮していたし、ニッチもサッチもいかない状態だった」

　景気づけのために、ご法度である覚醒剤を打ち、そして拳銃を撃った。無事に任務を遂行できた男は、自ら警察署へと出頭し、長期刑に服することになった。そこから男の人生は、一変したという。

「シャブを咎められることもなく、功績が認められて拘置所に移送されてからは、毎日、組から面会や差し入れがあった。社会では肩身が狭かったが、拘置所では鼻が高かった。自分を取り巻く環境は一気に変わった感じがした。時代も良かった。今みたいに射殺すれば、2度とシャバへと帰ってこれないわけじゃなかった。殺した相手が1人なら、だいたい刑期も15～16年といったところ。もしかしたら死刑になるかもなどという心配もない。もちろん懲役は不自由だが、中ではシャバにいた時と違って、組事ということもあって、皆がチヤホヤしてくれ、自分を立ててくれた。すっかり勘違いして、舞い上がっていた。今、思えば、あの頃が人生の絶頂期だったのかもしれない」

　刑務所暮らしが人生の絶頂期とは、なんとも皮肉な話である。出所後、再び男は厳しい現実に直面し、ヤクザ渡世から足を洗ったのであった。

●CASE3 三次団体親分が引退した理由……60代元組長の場合

カタギになったとはいえ、その元組長からはただならぬオーラが全身から放たれていた。男は二次団体で最高幹部を務め、自身も組長として三次団体を率いていた。その地元では誰しもが元組長を知るほど一世を風靡したと言われている。

男は一代で、どのようにして組長へと登り詰めたのか。そしてどのようにして、その座から降り、ヤクザ社会から足を洗ったのか。

「足を洗ったからいうて、素っカタギかといえば、そうやないかもしれへんな。働いてるわけやないし、昔の若い衆で出世してるのもおって、付き合いもあるしな」

男の口調は、それを吹聴している感じではなく、ざっくばらんで、それが真実だと聞く者を思わせる説得力があった。

「10代の頃から不良やっててな、地元の暴走族の頭やったんや。なるべくして、ヤクザになったわな。それで、ウチの上部団体が本家のケンカに参加することになって、ワシが自分ところの若いもんを連れて走ったんや」

幸いにも、人命に関わるような事件にはならなかったが、元組長の起こした事件は上層部から高く評価されることになった。

「時代も時代で良かったんやろな。放免も派手にやってもろうて、出所してからは毎晩、朝まで呑み歩いてたわ。自分の事務所も出して、多い時でどれくらいやろな。数えたことはないけど、組員は数十人は常におったわな。それも時代やでな」

我が世の春を謳歌していた元組長。なぜ、組織を抜けることになったのか。そこにはやはり昨今の暴力団に対する取り締まりの厳罰化と社会全体の不景気が影響したのだろうか。

「それもないことはないけど、決め手はワシの場合はそうやないな。ヤクザしとんねんから、ええ時もあれば悪い時もあるがな。それは極道しとったら覚悟の上や。それにワシらは刑務所みたいな底辺の生活にも慣れとる。パクられるのだってヤクザしとったら、避けては通れん。そうやのうて、ワシは親方にある件でどうしても納得いかなんで、ヤマ返した（言い返した）んや。それで辞めたるってなって、ほんまに辞めたんや」

理不尽がまかり通るヤクザ社会では、トップダウンが軸となる。つまり、上の言うことは絶対になるのだ。だが、必ずしも本当に絶対であるかといえば、そこには本音と建前がある。ヤクザといっても生身の人間だ。いやヤクザだからこそ、感情の振り幅は大きい。

元組長は、自身が所属する組織トップのやり方に反論し、その後、自ら所属していた組織をあとにしたのだった。

「後悔？　どうなんやろな。そこを辛抱するのが、ほんまに辛抱やったんかと考えると、辛抱やなかったと思うし。仮にやで、そこを堪えて組織に残ったとしても、不満しかないやろう。それやったら面と向かって言いたいこと言うて、あがらせてもらいますわ、言うたほうがええがな。かというて、世話にもなっとんねん。去る時は静かに去るわな。だから、未練みたいなもんは、今はないな。気は楽になったしな」

ヤクザ社会というのは、聞くとやるでは大きな隔たりがあると言われるほど、大変な稼業だとされている。一概に出世したからといって、組長に登りつめたからといって、それが必ずしもプラスになるかといえば、そうではないということなのだろう。

●CASE4　半グレからみたヤクザ……30代男性の場合

仮に、結社罪が成立すれば、ヤクザ組織は存在すること自体が罪に問われる。結社罪については、憲法で保障された結社の自由に反するという反論がなされることが多い。だが、暴対法はヤクザにだけ適用される法律だ。それと同じように、結社罪をヤクザにだけ適用するとなれば、国民は誰も反対しないだろう。国会で提起されれば満場一致で可決されることは請け合いだ。

しかし、そうした動きは、今のところ起きていない。法によってヤクザから人権を剥奪しても、ヤクザであること自体を罪としていないのだ。先にも述べたように、思想の自由によって、誰でも結社することを認めているからだろうか。答えは否だろう。

その尊厳を守るのならば、大前提としてヤクザ個人の尊厳や衣食住を奪う法を定めはしないだろう。では、なぜ国は結社罪を作らないのか。それはヤクザだけを根絶しても、社会から悪は消え去らないことを理解しているからだ。

そうした歪みから、生まれ出たのが半グレと言われている。警察が準暴力団と呼ぶように、半グレはヤクザに隣接した場所で生存し、一部にはヤクザを恐れることのない勢力のように語られることもある。実際にはどうなのだろうか。

目の前に座った30代前半の男は、首にクロムハーツのネックレスを巻いており、無邪気な笑顔でそのネックレスを自慢してみせた。

「これ、オレの30歳になった時の誕生日に、後輩たちからプレゼントされたんだけど、一四〇万もすんのよ。今日は取材だって言うからさ、だったらこれつけていかなきゃダメっしょみたいな感じでつけてきたんだけど、よくよく考えると、オレ写真ＮＧじゃん」

文字にすれば、世間知らずにもとれるが、実際に対面してみると、どこまでも屈託がないのだ。彼が醸し出す空気がそうした負の概念を払拭させている。どんな世界でも人の上に立つカリスマ性を持った男はいる。まさに彼はそれを宿しているのだ。ヤクザは怖い存在ではないのか、と率直に尋ねてみた。

「マジ怖いしょ。ムリ。あの縦社会は強烈」

彼のグループは、同級生や後輩たちから形成されており、その数は１００人を超えると言われている。

「ただね、ケンカにはならないようにできてるんだよね。だって、『ヤクザ、上等だ！』と言ってるヤツらが、ちゃんとケツモチのヤクザに面倒見てもらってるからね。半グレなんて呼ばれ方してるけど、ふんわりとしたヤクザの子会社みたいな感じじゃねえの。オレは地元の幼馴染みの先輩が現役だから、その先輩を応援してるし、代わりにヤクザと揉めるようなことになれば、だいたいその先輩が話をするよね。なんていうか、役割分担的なことでしょう」

彼は「ヤクザは損するけれど、半グレと呼ばれる自分たちは良くも悪くもセコイんだ」と繰り返した。それは世渡りがうまいという意味なのかもしれない。要するに、何かあっても組員であればすぐに法に抵触するが、半グレならば、カタギを装うことができるというのだ。

「それってさ、今に始まったことじゃないじゃん。ボクシングの世界チャンピオンだって、芸能界を引退した有名人だって、本人の意識はどうか知らないけどさ、世間から見ればケツモチがついてたわけじゃん。半グレって言葉が今になって世の中で生まれ、浸透してるけどさ、昔からいたって聞くよ。ある場面では代紋を出したり、ある場面ではカタギのフリをしたり、フロント（企業舎弟）って言うの？　若いヤツらばかりだけじゃなくて、職にもつかず犯罪行為を繰り返してるオッサンや、若いヤツらを束ねているヤツらを一括りにして、半グレと言った方が、おまわりさんらも分かりやすいんじゃねえの」

まるで他人事のようだが、核心をついている部分もある。当局は準暴力団として半グレグループを内偵はしているものの、その基準は明確にしていない。ヤクザ組織と違って半グレは官報に公示されることもない。きわめて曖昧な存在なのだ。場合によっては女子中学生まで勝手に半グレグループのメンバーとして数えられているケースも実際にある。

「話をつけるのは面倒を見てくれているヤクザで、そこがケンカになれば、敵対する相手が現役の組員でも、みんなでやっちゃうみたいな感じだよね。ヤクザでも怖くないとかじゃなくて、面倒見てくれてるヤクザのためにというのか、その組織があとはケツを拭いてくれるから、ケンカできんじゃん。その時は、（組員として警察に）登録されているか、されていないかの違いだけで、ヤクザの予備軍としてケンカに参加してる感じじゃねえかな。そうした仕組みを知らないオレなんかより若い世代は、そういうケンカに参加させると、『オレたちはヤクザでも上等なんだ！』『超かっけえ！』みたいになるんだけどさ、何の後ろ盾もなくヤクザと対立してる半グレグループなんて聞いたことないでしょう。そんなのがいたら、ただのバカじゃん。誰もついてこれねえよ」

彼が言うように、半グレ同士が揉めた際も、業界内で交わされる情報には、どこの組織が面倒を見てる半グレといった具合に組織名が付記されていることがほとんどだ。こうして考えていくと、以前は社会から落ちこぼれた若者の受け皿としてヤクザ組織が存在していたが、今はそれが半グレグループに変貌したと見ていいのではないか。

「でもさ、やっぱりルールってそれぞれあんじゃん。いくら無職のゆるやかなニート集団でもさ。よくね？　ニート集団って流行んねえかな」

こんな具合におちゃらけていた男だが、そのルールについて語る時は真剣な表情になっていた。

「オレに隠れてやってるヤツはいるかもしんねえけどさ、オレは薬物とオレオレ詐欺はやらせねえ。世間から見れば、法に触れた行為で目くそ鼻くそだろうけど、その2つは、たとえ葉っぱ（大麻）であってもやらしてない。そんなこと言って、違法な客引きとスカウトやらせてんだから、世話ねえよね」

　違法行為のスカウトをやらせる一方で、飲食店を数店舗、経営している。全店舗ともに他人の名義にしており、何かあってもやすやすと彼に捜査の手がたどり着かないという。

「まあ、好き勝手やってるわけじゃん。ファミリーとか仲間とか言いながらさ。だからマジメに働いているオッサンたちよりも稼いでるわけで。そこに社会的信用とか保証があったら、逆にダメじゃん。それこそちゃんとマジメに働いている人たちに怒られるっしょ。先のことを考えてねえこともねえけど、ヤクザにだけはならないよね。先輩をヤクザで出世させて、オレは誰の邪魔もしねえし、なるべく誰にも邪魔されたくねえ、ただそれだけだよね」

　そうした考え方に理解を示してか、ある芸能事務所から彼に役員としてのオファーも来ているという。今のところ、彼は就任するつもりはないとのことだが、半グレグループのリーダーに表社会から、その実力を買って、招き入れたいとオファーがかかるのもまた事実なのだ。

「オレが言うのもなんだけどさ、今も昔もヤクザになるべく関わらずに生きていった方が利口じゃねえの」

最後まで彼は屈託のない笑みを浮かべていた。

第二章 加入と脱退に見る当世極道事情

ヤクザを取り巻く環境は、年々冷え込みを増している。経済活動においては、当局の弾圧により従来のシノギは全て封じ込められ、それを象徴するかのように組員は減少。警察庁の統計によれば、２０２０年末現在のヤクザ総数は２万５９００人（構成員１万３３００人・準構成員１万２７００人）となっており、30年前と比較すると約7割減少したことが分かる。ヤクザ幹部の高齢化を揶揄する声もよく聞かれるが、渡世に身を賭す者が減っているのだから当然のことでもある。そうした中にあっても、ヤクザ世界の門戸を叩く人間は存在している。

●CASE1　刑務所で拾われた……50代男性の場合

無精髭を生やし、白髪混じりの坊主頭の男は、まだ刑務所から出所してきて、2カ月も経っていないという。

「若い頃からシャバと刑務所を行ったり来たりで、今回の懲役で6回目。ただ、不良はやってきたけれども、いっぺんも代紋を持ったことはない。今回が初めてや」

くたびれたヨレヨレの上下スウェットに、黄ばんだ白のスニーカー。その見てくれだけでパッとしないことを感じさせる。ヤクザと言うよりも、生活に疲弊して自暴自棄になった熟年男性と言った方がしっくりとくる。

だが、立派なヤクザである。受刑生活中に二次団体幹部と縁ができて、その舎弟になったというのだ。男は幹部と同じ工場に務めていた。

「動機みたいな、たいそうな理由なんてあらへん。工場全体が兄貴の支配下にあったんや。刑務所の中で居心地よく暮らすには、工場で力を持ってる懲役の身内になるのが手っ取り早い。兄貴は工場をまとめてるだけあって、ええ人間やし、甲斐性がありそうやったしな。それで知らんうちに、ワシも兄貴と呼ぶようになって、遅咲きの半渡世入りや」

自嘲気味に笑いながら男が言った「半渡世入り」。およそ聞きなれない文言だ。いったいどういう意味なのか。

「生活保護をもろうとんや。だから、半がつくんや。もちろん本名は使うてへんで。事務所では通称を名乗っている。親方が率先して食えん組員に保護を受けさせて、食い扶持というか、最低限の生活を確保させるんや。その上で、そっから会費（上納金）を取るねんから、世も末やわな」

組員が生活保護を受けること自体、違法であり、不正に受給された生活保護費から上納金を受け取れば、受け取った側も罪に問われることになる。表面化していないだけで、この組員いわく、「そういったケースは特段珍しいことではない」そうだ。

なぜ、そうした状態の中でヤクザの道を選んだのか。組員であることが判明すれば、生活保護も打ち切られてしまう。マイナスはあっても、組員であることにプラスの要素がないと思われる。だが、それについて男はこのように話した。

「目に見えるプラスなんて、もちろんない。半分カタギで半分ヤクザみたいな身分やから、何かあっても代紋を名乗ることなんてあらへん。ただ、先々は分からへんけど、今のところワシみたいな人間には、自由気ままに生きているより、多少の縛りがあった方が自分自身のためになっとるところもあるんや。縛りがなければ、また暇を持て余して覚醒剤に手を出してまうかもしれんし、そうなったら、また懲役や。組では覚醒剤はご法度になってるから、組に所属してることで、自分自身の歯止めになってんねん。おかしな話やけどな」

ヤクザの組員として未来に展望を持っているわけでもなければ、人生の最後に大きな仕事をして名を残すような気持ちもない。ただ、流れ流れてたどり着いた居場所がヤクザ社会であり、そこに一種の居心地の良さを感じているのかもしれない。

●CASE2 犯罪の代償を支払わされて……20代男性の場合

この若者の話を聞いていると、兄貴分に惚れて、はたまた親分に助けられて、ヤクザになったというのが、どれだけ今の世の中では非現実的なことなのかと痛感させられる。

「今すぐにも飛びたいっすよ！　いいことなんてなんもないんですから。たった十数万の代償がヤクザなんて、クソ割に合わないっすよっ！」

まるで鬱憤を一気にぶち撒けるかのように話し出した男は、10代の頃から手のつけらないような不良少年で、腕っぷしには相当な自信を持っているようには、お世辞にしても見えない。細身の痩せ型でこすっからい目つき、どちらかといえば、何をやっても常に不満を抱えていそうなタイプに見える。

「ツレにぜってぇパクらんねえし、マジ金になる仕事があるからって誘われて、寒いのは勘弁して欲しいって言ったんすけど、そん時、マジ金なくて親からも借金してて……」

人間の心情とは、時に世間の常識を軽々と超えてしまうことがある。例えば、銀行強盗をしてでも借金を返済しようとする人間もいる。借金は犯罪ではないが、強盗はれっきとした犯罪だ。返済不能に陥った人間を法は助けてくれることはあるが、罪を犯せば法に裁かれる。銀行強盗などなおさらで、人生を棒に振るようなものだ。

　この若者の場合はどうだろう。親への借金？　そこに切羽詰まったものは感じない。あるのは、自分の遊ぶ金欲しさ。常識を超えたというよりも、この若者に常識がなかっただけなのだろう。誘われるまま特殊詐欺の受け子（現金の受領役）をやることになったという。

「寒い思いして、日当がないんすよ！　あとで分かったんですけど、自分を誘ったヤツが自分の日当から抜いてたんすよ！　マジないっすわ！」

　案の定、若者に特殊詐欺にかかわった罪悪感は存在しない。異変が起きたのは、受け子を始めて2週間が過ぎた頃だった。

「紹介してきたツレから夜中に電話がかかってきて、今、家の前にいるから、すぐ出てきてくれって言うから、窓を開けて下を見たんすよ。そしたら家の真ん前に黒いワンボックスが停まってて、出るとツレが申し訳なさそうに、助手席から自分を上目遣いで見てたんすよ」

　そこから車に乗せられて、運転する男の事務所に連れて行かれたというのだ。そこで、本来なら特殊詐欺犯として警察へと突き出すところだが、ちょうどその男の組長の運転手に欠員が出ており、運転手として使って欲しいというなら、警察へ突き出すのだけは勘弁してやると言われたのだ。

「警察に行けば、本当かどうか分かんないっすけど、特殊詐欺で5年は刑務所に行くことになるというし、飛んでも警察にすぐ電話するって言うし、マジ逃げられねぇってなって……。それで、いつの間にか組員に登録までされたんすよ、良いことなんて一つもないっすよ。受け子で弁当（執行猶予）もらえるなんてないんすか？」

男は、本当に特殊詐欺の受け子で、刑務所に5年はいかなくてはいけないのか、そればかりを気にしていた。もし執行猶予をもらえるのならば、もう組から飛ぼうと考えているのだろうか。ただ、少し思考を働かせれば分かることだ。仮に男が飛んだからと言って、男の組長や兄貴分は警察に密告なんてしないだろう。なぜならば、弱味につけ込んで、ヤクザの組員にすること自体すらも罪だからだ。男はそこまで頭が回らないのだろう。

「マジ今すぐにも飛びたいっすよ！」

男が話し始めて、数えきれない数となった「飛びたい」と言うキーワードを、男は何か汚らわしいものでも吐き出すように、また口にしたのだった。

●CASE3　半グレリーダーからヤクザ幹部へ……30代男性の場合

身なりや立ち振る舞いは、仕事のできるビジネスマン。だが、身につけている物に目をやると、どれも高級ブランド品。何より醸し出すオーラがどこか怪しげで、穏やかな物腰の裏に狂気を宿していることを本能的に察知することができた。

年齢は30代前半。数十人の半グレグループのリーダーから、2年前に幹部という異例の待遇でヤクザ組織へと加入したというのだ。

「結局、不良社会のトップはヤクザなんですよ。私が率いていたグループにもケツモチのヤクザ幹部がいました。私らのビジネスはキャッチやスカウト、いわゆる違法行為なわけです。そのため、トラブルになってもサツに頼るわけにはいかない。最終的にはケツモチのヤクザ同士の話になるんです」

幹部のソフトな口調は、こちらがビジネスのレクチャーでも受けているような気分にさせてくれる。しかし、それは口調だけで、幹部の口から出てくる言葉は犯罪用語やヤクザ独自の概念であった。

「○○くんがヤクザになってくださいよ、自分らが全面的にバックしますし、○○くんがヤクザになったら、自分らはどこまでもついていくっす、って後輩らから言われましてね。あっ、○○くんって私のことなんですが、もちろん迷いはありましたよ。勘違いされていますが、警察もGマークがあるかないかで、処遇も処罰も全く違いますから」

Gマークとは、警察に暴力団員として認定されていることを指す。Gは極道の頭文字から取ったとも言われるが、警察内での隠語であり、語源に大きな意味はない。半グレ認定には明確な定義がないのに対して、Gマークには明確な定義がある。自認と他認、そして証拠の3要素が必要だと言われている。つまり、自分が○○組の組員と認める、そして他者からも○○組の誰それと認められ、義理回状などの証拠もそろったところで、警察はヤクザと認定するという。なぜ、そんなことが必要かと言えば、暴対法を適用させるためである。さらに、Gマークがつけば、暴力団排除条例も適用されることになる。社会生活を営む上で断然、不利益を被る状態と分かっていながら、なぜヤクザになったのか。

「ちょうどその頃、何社かからウチの組に来ないかとスカウトを受けてたんです。稼ぎも良かったですし、繁華街では派手にやっていたんで、私の名前やグループの名前も売れていましたからね。そうした中でも、事務所の当番などは免除。月に一度の寄合だけ出席してくれたら良いという組から話があって、どうせマジメに働くなんて考えはなかったので、信用できる弟分をグループに残して、主だった後輩を連れて盃を受けました」

ひと昔前であれば、暴走族がヤクザ社会のプラットフォームとして存在していた。しかし、現在では10代の少年たちで構成された暴走族は世の中から根絶され、その代わりとして台頭してきたのが、半グレグループだ。元暴走族の先輩後輩をもとに構成されることもあれば、地下格闘技や旧車會を通してつながったグループもある。総じて言えるのは、ヤクザ組織が持つ完全縦社会の構図とは異なり、グループ内に規律はありながらも、緩やかなつながりであることだ。そうしたグループの主な収入源が、この幹部が手を染めていた違法な客引きやスカウト。他には特殊詐欺に手を出す若者も決して少なくない。

理不尽なパワハラを受け、住み込みで徹底的に礼儀作法を教育されるヤクザ組織と半グレグループは全く異なる。そのため、必然的に不良社会から卒業できない若者たちは、同じ刑務所に行くのなら、ヤクザ組織ではなく、食えてそこまでの縛りがない半グレグループを選択するのである。それが、ひいてはヤクザの高齢化につながっている。

「マイナス面は考えても仕方ないですよ。それはヤクザじゃなくても、不良やってればつきまとうんですからね。意識するしないは別として、承知の上じゃないですか。だったらヤクザの顔色を伺ってへいこらして粋がるよりも、自分がヤクザになってへいこらされた方がいいじゃないですか。私の場合は金銭的に、そして若い子たちもいるので、バックボーンは初めからあるわけで、幹部で加入したことで誰かの指示を受けて、その指示の中で悪さしなくてはいけないなんてことはない。ヤクザになってからは以前より一層、私が繁華街を歩けば頭を下げられます。それだけ、こちらのビジネスもしやすくなってるわけです。要するにプレイヤーからそれを管理する立場になったということじゃないですかね」

この幹部の思考こそが、今どきのヤクザなのかもしれない。ただ、この幹部が言うように、いくら半グレからヤクザになったとしても、誰しもがこういった優遇を受けるわけではない。なぜならば、ヤクザになるイコール偉くなるわけでも、食えるようになるわけでもないからだ。

「どれだけ半グレと世間で呼ばれるグループに身を置く時に名前を売るか、人望を得るか、経済力を身につけるかにかかってます。それがなければ、ヤクザになっても、サツから締め付けばかりが厳しくなり、組織では休む間もなく雑用を強いられて、3カ月ももたないんじゃないですか」

幹部の話を聞いていくと、義理や人情に憧れてヤクザ渡世に身を投じた、などという言葉がいかに絵空ごとであるかを物語っているようだ。

話し終えると、外で待たせてあった高級車の後部座席へと身を沈め、その場をあとにした。その所作は全てがスマートであった。

●CASE4　新規組員スカウトの現場……50代組長の場合

ヤクザ指導者が頭を悩ます問題のひとつが組員の獲得だ。入門希望者が激減している中で、ヤクザはどこで有望な若者を見つけてくるのか。スカウトの秘密に迫る。

「なんといっても、組員を増やすのにもっとも適した環境は、刑務所だろう」

そう話すのは、関東圏に事務所を構える50代後半の某組長だ。組長が率いる組織には、現在、５人の組員が所属しているという。組織としては、かなり小規模と思われるが、組長から言わせるとそんなことはないのだという。

「５人でも組員がいてくれてるので、実際に組長と呼ばれてるわけであって、事務所を維持することもできている。これでも全盛期には、30人以上の若い衆がおり、当時はここまでヤクザ全体が衰退するなんて思いも寄らなかった」

組長は配下の５人から、三万円ずつの会費をもらっており、組長の上部団体への会費である毎月十万円を十分にまかなえる。しかし、その10万円は全て組長自身がそろえて支払っているという。これまでの長年の付き合いから組長を応援する会、つまりはカタギ衆が１人一万円ずつ出しあってくれているのだ。

「本家が分裂状態だから、あわよくばヨソから移籍してくれるのを内心、期待はしてるけど、今いる組員をないがしろにはできない。特に、叱りつけたりした時は、本音のところ飛びはしないかといつも気を揉んでいる」

ならば、積極的に新規組員の勧誘活動をすればいいのではと思うが、そこは慎重さが必要なようで、自分が直接するようなことは、ほとんどないという。

「一応、配下には、舎弟や若い衆を増やすように言ってはいるが、下手に勧誘すると、サツに飛び込まれ、組員になれと強要されたなどと訴えられかねない。だから、ぶっちぎりで遠慮なく組員にならないかと誘えるのは刑務所の中くらいになる」

いくら刑務所の中で、組員を増やしても、出所後に使える若い衆になってくれるのは、10人に1人もいないのが実情のようだ。

「刑務所の中の人間は、全員が全員一癖も二癖もある犯罪者だ。所詮、一生の付き合いになるような縁や出会いはそうそうない。悪いやつなんて、出所日に迎えに行き、放免祝いをやってやり、住む家もないと言うので、事務所で寝泊まりさせると、その日に祝い金を持って、姿をくらますことだってある」

華やかに見えて、なんとも世知辛いのがヤクザの世界である。そうした環境にありながら、組員をつなぎとめる特別な秘策はあるのか。

「もう、そこは腐れ縁しかない。盃の重みはやっぱり軽くなったのが、正直なところだ。仮に飛ばれて探し出しても、逃げ出すことを考えた人間は、またいなくなるだけ。探し出す体力が正直、もったいないぐらい。どこの組織も似たようなものではないか」

ヤクザ冬の時代などと言われて久しいが、いまだ厳冬のド真ん中にある。今後、ますます組員を確保するのは困難となってくることが、組長の話からは伝わってきた。

●CASE5　LINEブロックで脱退……30代男性の場合

ヤクザが足を洗い、カタギになる際、指を飛ばすなどのケジメが必要と思われている。そうでもしなければ、組織から離脱できないという漠然としたイメージが定着して久しい。確かに、ヤクザ社会は厳しい世界であることは、今も昔も変わらない。しかし、ヤクザを取り巻く環境は、大きく様変わりした。前述のように構成員数も減少の一途を辿っている。自然死もあるだろうが、それだけ多くの組員が毎年、組織を離れているのだ。現代のヤクザがヤクザを辞める時、どんな修羅場が待ち受けているのか。

取材に応じてくれた男性の指は、1本も欠けることなく10指ともキレイにそろっており、組織に追われているような素振りも感じられない。円満に離脱し、カタギになることを許されたということなのだろうか。だが、実際はこちらが考えていた足抜けの一般的なイメージとは、ほど遠いものであった。

「もう限界というか、ある時、全てが嫌になった。ヤクザで出世しようがしまいが、今後に展望なんて描けない。それで、兄貴分からの電話をそのままシカトしたのを最後に、組とは連絡を取っていない。LINEも事務所の人間や関係者は全員ブロックした。組織内でやっていたグループLINEを退会したので、オレは辞めたとすぐに意思表示できた」

SNSのつながりを切っただけで、足を洗うというのは現代的ではあるが、グループLINE退会後、しばらくは携帯電話がしつこく鳴っていたという。全ては組関係者からかかってきた電話だったようだが、無視し続けると、2~3日で電話は鳴り止み、今では電話すらかかってこないそうだ。

「何も珍しいことじゃない。今じゃよくあること。逆にかしこまって、オヤジや兄貴分なんかに『話があるんです。カタギにならせてもらえませんか？』なんて言えば、絶対に辞めさせてもらえない。なんだかんだと言いくるめられて、ダラダラとヤクザを続けていくことになる。皆が分かっているので、わざわざ話しに行くなんてことは、自分たちの世代ではなかなか考えられない。というか、自分の周りでは聞いたこともない」

俗に言う「飛ぶ」ということなのだが、そうした場合、自宅などに組員が押し掛けてきたり、関係先を探されたりしないのか。そのまま地元で暮らしていれば、もともと所属していた組織の人間とバッタリ街中で出会ってしまうことだってあるはずだ。

しかし、この男性はその後、それまで暮らしていた自宅を引っ越すこともせずに、LINEをブロックして組関係者からの電話を出なくなっただけで、これまで通りの生活を送っているという。それは本当なのだろう。前述のように何かに追われている人間特有の警戒心など微塵も感じさせない。

「もちろん、なるべく会わないようにはしてるけど、わざわざ家に押し掛けてきたりはしないし、自分がまだ現役の時に、同じように辞めていった人間を探すなんてしなかった。仮に探したとしても2～3日。万が一、見つけたとしても、ガラをさらって事務所でヤキを入れるようなリスクを犯すようなことはまずしない。そんなことをすれば、もう既に相手は気持ちが離れているので、警察に飛び込まれることだって考えられる。そうなれば、そこにいた全員がパクられてしまう」

本当に、そんなものなのか、改めて尋ねると、はっきりと「そんなもんだ」と答えた。そもそも、飛んだ人間を毎回、連れ戻していたら、「キリがない」と言葉を継いだ。

「例外はあるよ。組に対して許せないような不義理をしていれば、血眼になって探すし、そうした時は大抵、飛んだ方も警察へと逃げ込めない事情を抱えていたりする。そうなれば、ヤクザだって暴力的になるだろうし、指ぐらい千切ることだってある。だけど、自分の場合は不義理をしていない。別に、組織のためにジギリをかけた功労者というわけではないけど、キチンと事務所の雑用もこなしてきたし、会費だって滞納したこともない。それでも、食えないんだから仕方ない。内心、まだヤクザを続けている人間の中にも同じ気持ちの者だって少なくないと思う」

男性は所属していた組織から破門された。その後、別の組織にいた兄弟分の事務所に届いた自身の破門状をコピーしてもらい、それを持参して所轄の警察署に出向いたという。

「いくら本人が辞めたと言っても、警察はGマークを外してくれない。所属した組織の親分から抜けることを認めたという一筆もらうか、ちゃんと他組織に郵送された消印がある書状を持って、所轄で離脱したという調書を巻かなければ、実際は辞めていてもGマークを外してくれない。認定登録が警察に残っている以上、暴排条例でいつパクられるか、分からない状況が続いてしまう。実際にヤクザを辞めるよりも、事後の細々とした処理の方が面倒なぐらいだ」

一概に男性と同じようにはいかないだろう。似たようなケースでも厳しい制裁を受けることもあるはずだ。ただ、この男性はこうして組を抜けたのは事実だ。

離脱後、男性はどのような生活を送っているのか。職を見つけるにしても、ヤクザであったことを隠さなくてはならない。男性は馬鹿げたことを聞くなと言わんばかりに、笑みを浮かべる。

「そんなことができるのなら、ハナからヤクザなんてなってない。ヤクザを辞めたからといっても、性根は変わらない。いきなり働ける人間なんてめったにいない。その気になれば、仕事は現場作業だって何だってある。ヤクザを辞めても5年間は、暴排条例の縛りを受けるから何もできないというが、あれは誤解と言い訳に使っているだけだ」

ヤクザ業界では「5年ルール」と呼ばれる警察の規制がある。ヤクザを辞めても5年間は暴力団関係者として、現役時代と同等の扱いを受けるというものだ。実際に、一部には暴排条例の条文に暴力団関係者として規定している自治体もあるが、多くは明文化されていない規制であるという。

「5年ルールは、例えば雇用主であったり、口座を開設しようとした銀行であったり、つまりは相手側がルールを盾にして断ることができるというもの。たいてい、それに該当する人間は、ヤクザを辞めてもGマークを外す手続きを踏んでいなかったりする。警察はあくまで現役を逮捕したい。実態のない暴力団関係者と呼ばれる元組員を『微罪でパクっても意味がない』と現場の刑事なら誰だって口にするぐらいだ。微罪で逮捕して意味があるのは、現役だからだ」

つまり捜査の対象としては、現役組員と元組員では、離脱から5年以内であったとしても、全く異なってくるというのだ。

「今は中学時代の同級生や後輩たちと適当にやってる。それでパクられることがあるかもしれない。だけど、マジメに働けないからヤクザになった。仮に、今から働いたとしても職場でケンカして辞めるのがオチだ。結婚して子供ができれば、考えも変わるかもしれないが、今のところ働く気はない。だって、ヤクザ組織は不良を更生させる場所じゃない。ヤクザを辞めても不良は不良のままだ」

男性が「パクられるかも」と言うからには、違法行為をしている自覚があるのだろう。取材を終えて、帰っていく男性の足取りは軽やかだった。まるで、ヤクザを辞めてから訪れたしばしの自由を謳歌するかのようだった。一方で男の背中からは不自由な生活と紙一重なところで刹那的な生き方がにじみ出ているようにも見えた。気のせいだったのだろうか。

●CASE6　辞める若い衆のほうが怖い……現役幹部60代男性の場合

男は個人が特定されないことを絶対条件として口を開いた。

「若いもんがいきなりおらんようなることなんて、ようあることや。一家の若頭が突然、警察に飛び込んで離脱することだってある時代や。どこの誰が辞めたからいうて、昔みたいに騒いだり、噂が広がったりすることはあまりあらへん」

幹部の言葉尻には投げやりなところがあった。現在、自分自身が置かれている状況や取り巻く環境を憂いているかのようにも感じられた。幹部にもヤクザを辞める際に、指を飛ばすなんて今の時代では考えられないのか、と尋ねてみた。

「考えられへんことはあらへん。指を外すのはヤクザの専売特許や。他の会社やバイト先なんかで、辞めるからいうて指叩くなんてあらへんやろう。良くも悪くもヤクザ社会で受け継がれてる習わしに変わりはあらへん。ただ、辞めるいうてる人間の指、もうても仕方ないやろう。中には、いてるで。極道やと言われ、世間からも親分と呼ばれた人なんかが、辞めるケジメとして指を置いて静かに渡世をあとにすることもな」

確かに、指を詰めるという行為は、ヤクザ特有の概念だ。しかし、現実として辞める組員の指を受け取ったところで、「仕方ない」という言葉にもリアリティを感じさせる。

「指を飛ばすとなったら､普通は左手小指の第一関節を外すんや。これは武士の習わしで、刀を置くことに由来しとんねん。右利きの場合、刀を握っても左手の小指がなかったら力が入らへんやろ。そやから、武士はやむにやまれん事情で刀を置く際は、左手の小指を詰めて意思表示をしたんや。小指から詰めるから、エンコは小指のことやと思われがちやけどな」


話の腰を折ってはならないと余計なことを口にしなかったが、エンコが小指のことを指すのかどうかすら思いを巡らせたことがなかった。ただし、指を詰めることを、エンコを詰めるという隠語を使うことは知っていた。

「小指に限らず、指のことをエンコと言うんや。さっきも言うたけど、基本的に指は小指から外す。それじゃ収まらん時、例えばやな、自分の親や兄貴の姐に手を出したとか、小指くらいでは済まされん時は親指を外すんや」


反射的に幹部の指に目が行く。電子タバコを握る幹部の左手小指は欠損していた。どういった経緯で小指を飛ばすことになったのかは分からないが、親指は両手ともにキレイなままだ。小指で話がついたということなのだろう。

「どんな場合でも指を詰めたら、まずは治療せんと相手先にそのまま指を届けんのがセオリーや」

投げやりな割に、どこか憎めない。この幹部の話し方には、こちらを飽きさせないエッセンスが散りばめられていた。

「それを、ある組長が痛いからゆうて病院で麻酔かけてもうてな、キレイに小指を切断したあとに、指を持って『ヤクザを辞めさせてください』と本家筋に持っていったんや。ほんなら、『そんな指いるかい』と突き返されたんやけどな、病院でキレイに落としたんが幸いして、切断した指を今度は病院で引っ付けてもうたんや。マンガみたいな話やけど、本人としては、それでヤクザも辞めれたし、指も戻って良かったかもしれんな。ま、さんざん笑いもんになってたけどな」

幹部はコロコロと笑って見せた。指を飛ばしても、突き返されるケースがあることは以前から知っていた。突き返された指は業界内では死に指と呼ばれている。

「そうや、死に指や。よう知っとんな。だいたい指はそうやな。どっちか言うたら、辞めるから指を飛ばすんやなしに、ヤクザを辞めんで、済むように飛ばす方が多いんとちゃうか。一概に言えんけどな。それを今の時代は、携帯電話を解約するだけで辞めたりできんねんからな、えらい時代なったで。それだけヤクザが力を落としたからやろな。つまりや、ヤクザが怖い、辞めるいうたら何されるか分からへんって思われとったら、携帯電話の解約や電話に出んくらいでヤクザを辞めれんて思うやろう。それが逆転してもうとんねん。ワシからしたら、辞めるヤツの方が怖いがな。下手に触ったら、サツに走られて、ワシがパクられるかもしれんのやからな。それで業界的に去る者追わずの風潮になってきてるわな」

最後に、ヤクザ社会から去る気はないのか、念のため、この幹部にも尋ねてみた。やはり幹部の話はユーモアに富んでいた。これが百戦錬磨のヤクザが、一般社会に食い込むための話術というものなのか。ヤクザが生きていこうと思えば、まず暴力をバックボーンにしなければならない。しかし、それのみならば拒絶されてしまうだけだ。大事なのは、人をたらし込めるかどうかである。長年、ヤクザ渡世で生きているこの幹部には、その才能を垣間見せる。

「あんたんところで、雇ってくれるか。ウソや、ウソ。もう年も年やし、ヤクザしかやったことないからの。辞めたあとの暮らしが想像できんわ。ヤクザは無職渡世の博奕打ちや。ワシはパチンコ以外、打たへんのやけどな。無職渡世に生きてたワシがヤクザを辞めてみいや。ただの無職になってまうがな。今風に言うたら、ニートか。年金ももらわれへんのに、ただの無職は辛いやろが。それにヤクザ辞めたら、家の中でもオバハンに積年の恨みとばかりにどんな目にあわされるか、分からへんわ」

こちらの笑いを誘う一方で、幹部が時折見せる鋭い眼光は、目の前の男がヤクザであることを再認識させるには十分であった。それは60歳を過ぎても、何かことが起きれば、拳銃を握る姿さえ連想させた。

「普段何しとるかって？　当番以外はウチで寝とるか、オバハンの一円パチンコの手伝いしとる」

その連想は、気のせいだったのかもしれない。

●CASE7　やがて哀しきヤクザかな……元プラチナ親分の場合

名を馳せれば馳せるほど、足を洗ったあとの生活は寂しいものになると業界ではささやかれている。どこかでそれを意識しているからこそ、法によって締め付けられても現役組員たちはカタギになることに抵抗を持ち、踏ん張り続けているのではないだろうか。

これから記す元親分はこの世にいない。現役時代にはプラチナと呼ばれる二次団体組長となり、周囲からも「親分」と呼ばれる人物だった。ヤクザなら誰でも名前を聞けば知っているくらいの知名度を持っていた。引退時も功労者として「退職金」が出るほどであった。

住宅街に際立つ豪邸で、我々を迎えてくれたのは、その元組長の年齢よりも半分ほどではないかと思われる若い女性であった。30代半ばであろうか。

引退後はすっかりと穏やかな眼つきになった元組長は、話し相手を得たとばかりに上機嫌でこちらを迎えてくれた。

「服用薬から何から何まで身の回りのことは全部、これがやってくれとんねん」

珈琲を運んできてくれた女性に顔を向けた。先ほど、出迎えてくれた女性だった。広い豪邸には、元組長と女性の2人しかいない。聞くまでもなく、女性が元組長の後妻であることを伺い知ることができた。印象的だったのは、女性は終始、元組長を立て続けていたこと。すでに引退している元組長のことを「親分」と呼んでいたのだった。

「プリウスはええでな。街乗りやったら、ガソリンも月に一回入れたらええ。もうワシはこれと2人やし、見栄張ることもあらへん。かと言うて、格好があるがな。ずんだれた格好で外を出歩くわけにいかんしな。まだ現役の時、プリウスで本家に来てた直参がおったんや。言うたら、ワシの兄弟になるんやけどな。その直参が執行部に呼ばれて怒られたんや。ヤクザのしかも一国一城の主がどこで節約しとんねんってな。格好の悪い車を乗るないうことや。ただ、ガソリン代に高速代も毎日のことやからバカならんがな。しかも、その直参の事務所が本家まで毎日、通えんことないけど、片道1時間半はかかるんや。若い衆の負担を考えても、節約できるところはしたいがな。それでも、執行部が言うねんから、逆らわれへんやろ。それで本家にプリウスでくるのは、みんな禁止になったんや」

元組長は引退すると、もう高級車を乗る必要性もない。だからといって、みすぼらしい車にも乗れない。そこで、現役時代には禁じられていたプリウスを購入したというのである。一旦、プリウスに乗ってみると、燃費の良さにびっくりさせられたそうだ。

「ウチは代を誰にも継がせてへん。殺人事件も抱えとったしな。それで、逮捕者もようさん出とって、裁判も長い間やっとたしな。代を継がせたら、継いだもんが潰れてまうかもしれんやろう。金銭的にもな。本家の直参いうのは、それくらいハードルが高かったんや。

残った組員は、それぞれ違う組織に拾われた」

その組員の中でも、武闘派組織に加入した幹部がこまめに元組長に連絡をくれ、ヤクザ事情などを教えてくれるという。

「もうその若い衆としか連絡はとってへん。引退した身やしな。いくら、もともとワシの若い衆やいうても、あんまり目立つようなことしとってみ。本家の執行部に知られたら誤解を招きかねんがな。最後に長らく執行部を務め、ワシからしても叔父貴になる組長が、ワシが引退してすぐに連絡あったんや。ワシも引退することになったいうてな」

その親分とも、それが最期の別れになったと言うのである。

「叔父貴に言われたんは、『おい、もう連絡するのはこれで最後にしよ』。引退した者同士が連絡を取りあってるのを執行部に知られたら、誤解される。『身体だけは、お前も気をつけてな』と言われてな、それっきりや。警察がうるさなってきてたし、シノギもままならんようになって、本家でも情報の漏洩にピリピリしとったからな」

元組長が避けたかった誤解とは、OBであっても連絡を取りあう行為は派閥を作る動きであり、執行部への反逆と見えるためであろう。この話を聞いてから2年後に起きたのが、六代目山口組の分裂である。この時には、もちろんのことだが、誰ひとりとして、そのような事態が起ころうとは想像していなかった。元組長はその分裂を目の当たりにすることなく、この世をあとにしている。

この時、元組長はヤクザ人生をこう振り返っていた。

「そりゃ、ええ時もあったがな。バブルの頃なんて毎晩、若い衆をようさん連れて、銀座や六本木で呑んでた。金の心配なんてしたこともなかったし、極道人生を謳歌しとったわな。まさか、こないにまで冷え込むなんて思ってもなかった。だんだんシノギが薄なってきて、それまでやったら、ポンポンとまとまったような話がスカタンばっかり食うようになってな。周りも、あれ？　あれ？　みたいな感じやった。それでも、若い衆らに発破をかけてな。ワシらは頂上作戦も経験してきとるから、『とにかく踏ん張れ。これを乗り切ったら、またええ時代は来よる』って言うてな。なのに、ますます締め付けられる一方や。組員も1人欠け、2人欠け、少しずつ組も寂しなってきてやな。ワシも若い時の無茶が祟って、肝臓も悪化しとったし、ここいらが限界やなと感じて引退を申し出たんや」

引退の申し出は、これまでの元組長の貢献度や年齢、それに体調不良なども重なって、本家も円満に認めたという。

「現役時代はヤクザに限らず、カタギの社長連中なんかからも毎日ジャンジャン、やかましいくらいに電話が鳴ってたもんや。それが、引退した途端にチンとも鳴らへんようになった。寂しいもんやのって思いもあったけれども、結局、それが代紋の重みということなんやろな。親分、組長と呼ばれて、人が寄ってきてくれんのは、代紋あってのことや。引退してから、それがよう分かった。今じゃ、コレと2人で余生を静かに送っとるよ。50年間、極道しかやってこんかったワシが余生を静かに暮らせとんや。それだけでも有難い話やねんけどな」

元組長は傍らで、凛とした姿で座る女性へと視線を向けた。元組長には若い時分から長く連れ添った前妻が存在していた。若い衆も姐と呼んだのは前妻のほうだった。この時、その椅子に座っていたのは、この女性だった。だから、最期まで元組長に寄り添い、元組長はこの女性に看取られて天命を全うするのだろうと勝手に想像をしていた。

しかし、元組長がこの世を去った。その葬儀の時、隣りに座っていた若い女性の姿は見ることができなかった。

「まさか、こないなるとは想像もしてへんかった……」

今にも元組長の穏やかな声が聞こえてきそうでならない。

第二章

ヤクザの家族愛

ヤクザとはいえ、人の子である。当然ながら親がいる。中には、自分の家族を持ち、妻と子供に囲まれて生活している組員もいる。一方、ヤクザはもうひとつの家族を持っている。盃で契りを結んだオヤジや兄貴分たち。いわゆる、ヤクザ組織における擬似血縁制度の家族である。本物の家族とヤクザのファミリー、天秤にかけると……。現代ヤクザの家族への本音に迫った。

●CASE1 「家族を持つな!」……40代幹部の場合

スポーツ選手でも、彼女や妻を持つなと言われることがある。その理由は、彼女や妻を持つことが、その能力に微妙な変化をもたらすためだ。それが原動力となるのなら良いが、そのおかげで練習が散漫になったり、集中力を低下させてしまうこともあるだろう。スポーツ界には男女交際を禁止する指導者もいるほどだ。

実は、ヤクザ社会でも共通しているという。ただ、それがスポーツ社会同様に必ずしも厳守されているかと言えば、そうではないと関係者らは口をそろえるのであった。

「オレらも若い頃は、親分や兄貴分から、女を作るなって言われたで。シャブなんかと一緒で、女に惚けてカタギになるとか言い出したり、事務所の当番をサボってみたり、シャバに未練ができたりするからな。ただ、言うとる親分らが孫までいて、嫁はんは姐さんて呼ばれて、いとんねんで。愛妻家の親分だっていとる。自分は家族大事にしとるのに、『女作るな』、『家族作るな』と言われても聞くかいな」

笑いながらそう話す幹部は40代半ば。ヤクザとして脂の乗った男盛りと言えるだろう。この幹部にも家族はいて、子供は2人いるという。率直に尋ねた。家族を犠牲にしてまで、組織のために殉ずることができるものなのかと。

「できるかい」

気持ち良いくらいの即答であった。そして幹部はこう語り出した。

「ヤクザっていうのは、普通の精神じゃやできへん。ある種のマインドコントロールが作用せんとな。考えてみいや、銭もくれへんのに、パワハラなんて当たり前で、暴力をふるってきても問題視もされん会社に毎日、毎日、働きに行けるか。普通は無理やろう。銭まで『毎月持ってこい』って言うねんからな。ほんまやったら恐喝やがな」

いつしかユーモアある話し方に、吸いこまれ始めていた。全く着飾ったことを言わないのである。もうちょっと「極道とは」などと、御託を並べたほうが良いのではないかとこっちが危惧するほど、ズケズケと遠慮がない。

「そのマインドコントロールを解くのが女の存在や。子供なんかもそうや。我に返るわけや。オレがパクられたら、家族が路頭に迷うとな。それが嫌やねん、上に立つもんは。だから、『家族は持つな』って言うわけや」

その口ぶりから幹部はマインドコントロールから解放されているようにも思える。それでもヤクザを続けているのは、家族が路頭に迷うことを覚悟の上で、いざという時、組織のために身体を賭けて刑務所に行くことができるからなのか。

「『できる！』と日頃から言うヤツに限って、刑務所行く前にヤクザをだいたい辞めとるわな。これが現実や。頭で考えるんやない。どういう生き方をするかや。そこはヤクザとかカタギとか関係ないのとちゃうか。極端な言い方をしたらな。もしやで、自分にとって最愛の人間が、なんの落ち度もなく他人に何かされてみ。誰だって怒るやろ。許さんという感情なるわな。それに歯止めを利かせられない人間が、オレ側の世界におるわけや。オレの場合もそうや。オレが大事にしとるもんに何かあったら、刑務所が怖いとは言うてへんやろな」

それは自分自身に、何かを確かめているような言い方に見えた。

「実際、こんな世の中や。上のお姉ちゃんは来年中学生で、下の息子も小学生や。組のため、メンツのためで、生きてシャバに帰ってこれるか分からんような懲役にいけるかといえば、オレは行かん。行かれへんのやない。行かへんねん。オカンも生きとるし、さんざん人様に言えんようなことしてきて、これ以上、親不孝はできへんからな。ただ、オレの感情で許し難いことが起きれば、後先は考えれんやろな」

つまり、目の前で親分が撃たれたとか、兄貴分が殺られてしまった、そんなケースを想定しているのだろうか。

「それは分からん。案外、スッとカタギなってまうかもしれんしな。その時にならな分からんけれど、何せ許せんと思ってまうケースや。家族が大事か、組織が大事かで言えば、カタギと一緒や。会社より家族や。ただ、会社も大事やわな。大事やなかったら、パワハラと恐喝の会社なんてとうの昔に辞めとるがな」

言葉だけを聞いていれば本当に大事なのかと思ってしまうが、悪戯っ子のような表情を見てると、この幹部なりの照れ隠しなのかもしれない。

もうひとつ気になるのは、2人の子供をはじめ家族たちは、父親が夫がヤクザであることに理解を示してくれているのかという点だ。

「これだけ反社や、賃貸は貸さん、口座は開設させんと言われて、理解できる家族がいたとすれば、ほんまのアホやろ。もしくは、よっぽどえらい親分で財力があるかのどっちかや。ヤクザが人権云々言うのもおかしな話やねんで。カタギ泣かして、脅してメシ食うてる人間が、何を人並みに言うとんねんて、だからオレは諦めてる。ただ、家族の人権まで脅かされてるのが実状や。理解なんてない。その理解できん生き方してるのがヤクザやしな。外でも家でも肩身狭くして生きとるがな」

ヤクザの人権を持ち出すと、だったらカタギになればいいと、世間は反論してくる。それは一理ある。幹部にしてみれば、家族のために別の生き方を選ぶことであり、父親なら決断しなければならない時はあるはずだ。カタギになれば、今よりも自由な暮らしだって手に入る。

「そもそも家族のためにというのが、よく分からんな。ヤクザになったのが先で、家族はあとの問題や。しかも、家族のためにヤクザやってるわけやないからな。それは逆でもそうなんとちゃうか。家族のためにヤクザやめるいうのも、よく分からん。ま、それでもアホやないから、いつカタギになってもメシを食える用意は、あんたに心配してもらわんでもできとるけどな」

確かに言葉の端々から余裕が感じられた。現在のヤクザを取り巻く環境の厳しさを熟知しながらも、悲観しているわけでもない。どこか頼もしくもあった。きっとこの幹部なら、どんな状況にあったとしても、打開してみせることだろう。

しかし、それは私の見誤りにすぎなかった。この取材からたった3カ月後のことである。

幹部はある事件に巻き込まれて、この世を去ったのだ。その事件はたった数行、ネットニュースで流れただけで、世間的に騒ぎ立てられることもなかった。

「何を言うとんねん。ヤクザの死なんてそんなもんや」

そう笑い飛ばす幹部の声が今にも聞こえてきそうな気がしてならなかった。

●CASE2 極妻になったのは若さゆえの過ち……20代女性の場合

ヤクザ組織のトップに君臨する組長を親父に例えると、若頭は長男となり、舎弟が親父の弟になる。つまり、組員にしてみると、父親と長男、叔父しかいない。ヤクザの擬似血縁制度には母親や姉は存在しないのである。ただ、実際にはトップの組長に妻がいて、その妻が組員たちから母親のように慕われることもある。とはいえ、組長の妻を「オフクロ」とは呼ばない。姐さんと呼ぶのである。それはヤクザ渡世に母親は存在しない、という概念からきているのだ。姐さんと呼ぶことは、映画「極道の妻たちへ」で広く知られている。

その極妻の実態を取材しようと、最初に会ったのは20代後半の女性だった。

顔のつくりは美しく、身に着けているものも上品で、ケバケバしさなど微塵もなかった。

モデルのような雰囲気を持っていて、街ですれ違ったとしても、絶対に極妻とは気づかれないだろう。しかし、言葉はキツかった。

「（夫の世界は）理解なんて示していません。一切です。本当に迷惑しています。若さゆえの過ちでした。旦那と知り合ったのは、10代の頃です。飲食店で働いていて知り合いました。もちろん声をかけてきた人が、ヤクザだということは知っていました。だけど、若い分、考えが本当に浅はかでした。深く考えずに交際するようになり、入籍したんです」

彼女の夫は二次団体幹部で、自身も配下に若い衆を抱えて事務所を構える立派な組長だ。若い衆からすれば、彼女は「姐さん」になるわけだ。が、ヤクザの妻になってしまったことを、今では後悔しているというのである。ヤクザの家族にも影響を与えている暴排条例が一因なのだろうか。

「そういうのは、あまり考えたことはありません。あくまで一般常識としてです。心変わりというか、将来を考えるようになったのは、子供ができてからです。母親になって初めて分かったんです。子供たちに、お父さんがヤクザと言うことができないことや、子供たちの友達や、その親御さんたちに、主人がヤクザだと知られることで、子供たちに影響を及ぼすようになるのではないかと考えるようになったんです。本人は『一口にヤクザといっても、いろいろな人間がいて、逮捕されるような仕事はしていない』と言いますが、世間には通用しませんよね。ですので、ウチでは一切、主人にヤクザの話や、電話をしないように言ってあります。子供が産まれる前までは、普通に主人の若い人たちから『姐さん』と呼ばれてましたが、子供が産まれて、大きくなるにつれ、一切の接点を持たなくなりました。主人のヤクザとしての行事というのですか。『公用』なんて本人は言ってますが、家族が参加する行事もあるんです。お餅付き大会とか。そんなところにも以前は主人に付いていき、見たことない世界に関心があった頃もありましたが、今ではそんなところには間違っても行きません」

彼女は世間以上にヤクザを拒絶しているように感じた。人を介して絶対匿名を条件に、やっと取材に応じてくれたのだが、想像していた以上の拒絶反応だった。これが、身内にヤクザがいる家族の一般的な考えなのかもしれない。

「そこまで気にしなくても大丈夫じゃないんですか」

そう言うのは簡単だが、あくまで他人事だからこそ言えることだ。夫や子供がヤクザであるというだけで、親族にまでその被害が及んだ場合、同じことを口にできるかといえば、それはやはり無理だろう。その立場でなければ、分からない苦悩を垣間見ることができた。

●CASE3　夫の上納金を負担する……60代女性の場合

「随分とウチも寂しくなったわよね」

そう切り出した女性は、今年で還暦を迎えるというが、一見して華やかな雰囲気のせいか、もう少し若く感じられる。自身でもラウンジを経営しており、「姐さん」という立場の一方で「ママ」と呼ばれる立場でもある。

「もうウチは孫もいてね、旦那も孫を溺愛してるわよ。ウチは子供がみんな女の子だったんだけど、幼稚園から大学まで私立に行かせてね。その送り向かいを若い衆が交代でしていたくらいだから、良い時代だったんでしょうね」

もちろん周囲は、女性の夫がヤクザのいわゆる組長の立場にあることを知っていた。それを逆に隠すのではなく、最大限に活用できた時代があったというのである。

「娘らも、夫の若い衆からは、お嬢、お嬢と言われてね。ただウチの娘は親目だけど、賢かったんでしょうね。それで調子に乗るようなことはせずに、みんなに守られるような感じで大きくなったわね。甘え上手というか、旦那に似て、人たらしなところがあったんでしょうね。私なんか、そんな旦那だから、組長だのオヤジだの外で言われてても、だらしない面も知ってるでしょう。だから代わりに若い子らを叱りつけたり、ご飯食べさせてたりしてきたわよ。よく、ウチの中じゃ、オヤジ派、姐さん派って呼ばれてたくらいだったから」

そう言いながら女性は笑みを浮かべた。そういった若い衆たちは、仮に事情ができてカタギになったとしても、自宅や女性が経営しているラウンジに訪ねてきてくれるというのだ。

「カタギになってしっかりできる人たちは、カタギになったら良いと思うの。そこは男と女の違いであったり、立場も違うけどね。私はそう思う。やっぱり嬉しいじゃない。いくらヤクザを辞めたからって、ウチにいた子がカタギになって立派になった姿を見れたらね。旦那は、辞める時はいい顔はまずしない。破門だの、絶縁だのと家じゃ言ってるけど、不義理した子でも、一度はウチの家に来て、ご飯を一緒に食べたりした子のことは、どこかで気にかけてんのよ。その辺、女の方がサバサバしてるんじゃないかしら」

女性の夫が組長を務める某組織は、末端まで含めると50人近くの組員が所属していたという。それが今では数えるほどで、新しく組員が増えたかと思うと、すぐにいなくなってしまうというのだ。

「そんなんだから、昔じゃ考えられないけど、私が主人を車に乗せて、どこかに連れて行くことだってあるわよ。以前、そんなことでもしてたら、立場ある人間から叱りつけられたけど、ウチも随分と寂しくなって、皆、生きていくことに必死でしょう。そんな人もいないわよね」

今では夫の生活から上部団体に納める会費に至るまで、この女性がほとんど負担しているというのだ。組長にヤクザを辞めて欲しいとは思わないかと尋ねてみた。

「ずっと好きに生きてきた人だから、最後まで好きにさせてやりたいわよね。いい時もあったしね。それが悪くなったからって、どうのこうのはないわね。腐れ縁みたいなもんよ。娘たちも私なんかより、父親の方になついてるんじゃないかしら」

良い時代には、時計でも鞄でも欲しい物は何でも買ってもらえた。一方で、そうした時代には、夫が外で若い愛人を作り、別れを決意したことも何度もあったと話す。

「結局、今も旦那を支えているのは還元してるみたいなもんよ。良い時代のね。愛人なんて良い時だけじゃない。悪くなったら、誰もいなくなる。嫁はまた違うでしょう。若い子らのこともあったしね。寂しくはなったけど、他の人が経験できない贅沢ができた時もあったし、なるべくしてなったというか、仕方ないわよね」

そういうと、上品な笑みを浮かべたのであった。全てを本音で語ってくれているわけではないだろう。だが、今でも夫がヤクザをやっていることを否定しているわけではなかった。

姐さんも人それぞれ感性が違うように、考え方はさまざまだということだろう。

「そろそろ開店の準備なのよ。ごめんなさいね」

その言葉が、取材の終わりの合図となったのだった。

●CASE4 組長の息子に生まれて……Aの場合

梨園など世襲が当たり前の業界もある。子供が父親と同じ道を歩んだ際、「他の人たちよりも厳しく教育を受けてきた」という話を、二世から聞くケースは少なくない。だが、周囲も同じように厳しく接することが可能かといえば、それは現実的に難しいだろう。どうしたって周囲の人間は二世であることを意識してしまう。父親が偉大であれば、なおさらである。それはヤクザ業界であっても同じだ。

ある幹部が跡目候補として名が上がった際、対抗馬として浮上してきたのは組長の実子であった。これまでのキャリア、実績、抱える勢力を考えても、跡目は幹部だと見られていた。だが、最終的には、幹部が辞退する形で、跡目争いは収拾し、当代には実子が襲名することになった。その際、幹部は周囲にこう漏らしている。

――血には勝てない。

いくらヤクザは、血筋よりも交わした盃の方が重いと言われても、ヤクザの親分も人の親である。我が子と若い衆を天秤にかけた時、親の立場が勝ってしまったということではないだろうか。では、親分の息子として生まれて育った側、つまり組長の実子は、自分の境遇をどう捉えているのか。

ヤクザ業界でも有名な親分の実子として生まれて育ったAは、育ちの良さそうな佇まいで、取材に応じてくれた。

「物心ついた時から、若い衆からは、実子や若と呼ばれていた。小学校高学年くらいからかな、自分が他とは違う特別な存在なんだ、と意識し始めたのは……」

小学校高学年になった時、Aのグループ内で万引きが流行ったという。欲しいから盗むのではなく、度胸試しのような遊び感覚だった。だがグループ内の少年がゲームのカセットを万引きしたことで、グループ全員のこれまでの犯行が発覚することになった。

「万引きしていた同級生の親が学校に呼び出されて、職員室で親の前でみんなギャンギャン怒られたんだけどさ、オレだけは親も呼ばれず、途中で帰らされたんだよな。今から思えば、先生たちも嫌だよね。ヤクザの組長の息子だもん。職員室に呼び出すどころか、学校に来られるのも嫌でしょう」

　おかしそうにクスクスと笑うA。その表情を見ると、なぜだかボンボン育ちだということが分かる。Aが言うように、教師といえど人間だ。受け持つ生徒、全員を分け隔てなく扱えるかといえば、それは無理だろう。人間的な好き嫌いもあれば、親の職業を意識してしまうこともあるはずだ。

「ラッキーと思いながら家に帰ったんだけどさ。そこからが大変だったよ。家に帰ると、オヤジの若い衆がみんな深刻そうな顔して、オレを見てんだよ。さすがに分かんじゃん、いくらボンボンだって言われていてもさ、それくらい。『あっちゃ！』って思ってると、オヤジの部屋に通されて、襖をそっと開けると、オヤジがソファーに座って、木刀持ってんだよ。開けた襖をサッと締め直して、走って家から逃げ出したよ。だってオレまだ小学生だぜ」

　その後、Aは母親に見つけ出され、丸坊主にさせられた。そして父親の前で2時間、正座させられることになった。そして中学生に上がると、Aを取り巻く環境はもっと変わっていくことになる。

「小学生の間はあだ名で呼ばれてたんだよね。それが中学になると、同じ中学の先輩たちが若って呼び出して、同級生もみんないつの間にか、若って呼ぶようになってさ、それだけオヤジが凄かったんだなって感じるよね。だけど、その時はオレは特別だくらいに思ってさ、『おう！』みたいな感じで、先輩たちにも敬語使った記憶ないもん」

のちに分かったことだが、Aの中学を卒業したOBがAの父親の組織末端に属し、本宅と呼ばれていたAの実家で部屋住みとして寝泊まりしていたのだった。その人物は地元では札付きのワルとして有名で暴走族の頭であった。その札付きのワルがAのことを「若」と呼び、Aはその人物をアゴで使っていた。周囲がAに対して、気を使うのは当然と言えるだろう。

「本当にバカだよね。だけどさ、オレってバカだから仕方ないじゃん。オヤジはすげえおっかなかったけど、ケンカもせずに番長になっちゃったんだからさ。オレじゃなくても、勘違いしちゃうって」

中学を卒業すると、Aは当時の王道であった地元の暴走族に入ることになった。そこで初めて、Aは辛酸を舐めることになった。

「学年で言うと、高校2年の時に暴走行為でパクられちゃって、少年院に入ることになったんだよね。そこの教官がとんでもねぇヤツばっかでさ、殴る蹴るなんて当たり前なんだよ。何かあったら、筋トレやらすしね。生まれて初めて辛いって思ったよ」

しかしAは少年院での辛さも、社会に復帰すると忘れてしまい、20歳になった時には同級生や後輩たちを連れて、ヤクザになったのだ。

「オヤジの若い衆に預けられたんだけど、そこでも『若』っ呼ばれてさ。実際は皆、内心でこの野郎って思っていたと思うよ。だって生意気だったもん。だけど、そんなの分かんないじゃん。オレはマジでオヤジを超えてやろう、くらいに思ってたんだからさ」

Aは何の功績もないままに、そのまま出世していくことになった。そうした最中に、父親が上層部から処分されることになってしまう。

「オレって生粋のボンじゃん。誰かが何とかしてくれんだろうな、くらいにしか思ってなくて、で、母方の親戚が会社をやらせてくれるって言うから、そのままカタギになって事業やることになったんだよね。ま、今はヤクザも流行んねえじゃん」

組長の息子として生まれてきたことに、嫌だったことはなかったかと最後に質問してみた。Aはあっけらかんと全く悪びれることもなく言い放つ。

「えっ？　ないない。今のオレってマジ、そのおかげでしょう。その時はそんなつもりなかったけど、代紋フル稼働してんじゃん。カタギになっても、今でもオヤジの兄弟分の組長や若い衆はいるしさ。それで自由にやってんだから、嫌な思いなんてあるわけないじゃん」

そんなAも一児の父親なのだが、息子にヤクザをやらせるつもりは全くないという。

「だって、だせぇじゃん」

どこまでいっても世間知らずのイメージを残してくれたAだった。

●CASE5　我が子がヤクザになった……70代女性の場合

「なんで、こんな子になったんやろな。今さら言うても仕方ないけど、甘やかせ過ぎたんやろな……」

70代の女性は過去を思い出すように話し始めた。

「小さい時は気が弱くてな、女の子にも泣かされてまうくらいの優しい子やってんで。ウチは商売をやってて、お父さんも、もの凄いマジメな人でな。余計な話なんか一切せんかった。上がお姉ちゃんで下が男の子やったから、どうしても甘やかせてもうたんやろな。私がすごい貧乏したから、子供らだけには不憫させたらあかんて思ってやったんが、それがあかんかったんやろな」

この女性の息子は、今も現役の組員である。だが、老いた母親を残して現在、社会不在を余儀なくさせられている。女性は話を続けた。

「家庭環境も悪なかった思うよ。商売も上手くいってたし。小学校の高学年くらいになった頃から、えらい言うことをきかんようになってな。同級生でもワルというほどでもないけど、目立つような子らと遊び始めてた。いじめられても困るし、中には片親のあまり家庭環境がええ子やない子もいたから、遊ぶなって叱ったこともあるくらいやったのに、中学に入学した頃には、もうそのグループっていうの。そこで番長みたいになっててんから、びっくりさせられて。もう親の言うことなんて聞くかいな」

タバコを吸い始めたかと思うと、両親が営んでいた個人店のお金に手をつけ出し、中学2年生になると、バイクの窃盗にシンナーとエスカレートしていったというのである。

「それで鑑別所に入れられて、面会に行ったら、『お母さん！　家に帰りたい』って、メソメソ泣いてんねん。おかしいやろう。私も息子に『これが最後のチャンスやで！　ほんまにこれで悪いこと辞めへんかったら、ずっとそんなところに入ってなあかんねんで！』って言うたはええねんけど、出てきた日の帰り道で、『オカン、タバコくれ！』って言いよるねんから、『アホか、あんたは！』って怒ったんをよう覚えてるわ。もう亡くなったけど、お父さんは黙って車を運転してて、何も言わへん。家帰ったら、そのまま飛び出して遊びに行ってな。これ食べたいやろ、あれ食べたいやろうって用意してたのにやで」

中学を卒業すると地元の暴走族に入り、悪事に拍車をかけるようになったと、女性は回想する。

「『単車とシンナーだけは辞めなさい！　辞めへんのやったら、あんたを殺してお母さんも死ぬ！』なんてこともあってんけど、あの子はきかんでな。ある日、家に帰ってきて、お風呂に入ってたから、着替え置いといたろう思って、脱衣所に行ってん。ほんなら、パッとドア閉めて隠れようとしたから、『あんた、ちょっと待ちい！』って、お風呂場のドアを開けたってん。ほんなら、身体に刺青を入れとんねん。まあ、びっくりした言うか、呆れた言うか、なんてことしてんねんて思ったわ。20歳くらいの時かな」

その後、女性の息子は正式な組員となり、刑務所を出たり入ったりを繰り返すことになっていくのだった。

「鑑別所のたった1カ月でな。ピーピー泣いてた子が、慣れたんやろな。面会行ってもけろっとした顔で、やれ本送れだの、金を差し入れしろだの言いよんねん。憎たらしい子やろう。それでもな、いっぺんだけやな。立ち直ったいうか、30過ぎて結婚してな、電話してきてん。『子供できたから、オレ、ヤクザやめることにした』って。私なんて、そんな世界のことなんて全く分からへんねんけど、そんな簡単に辞めれんのかって、逆に心配してな。ほんなら、本人は辞める言うねん。なんか指でも落とさなあかんのとちゃうのかな、て思ったりして心配してたんやけど、ほんまに辞めて働き出してな。あの時かな、もうこれで大丈夫かなって思ったんは。あの時くらいやろな」

　指なども落とすこともなく、キレイにヤクザ社会から足を洗うことができた。その後、彼女の息子は清掃会社に勤務し、彼女が知る限りでは初めて職について働き出したというのである。そして彼女にとって、2人目の孫が生まれたのだった。

「お父さんは孫の顔も見れんと、あの子が刑務所にいてる時に亡くなってな。その時は私、もうあの子とは親子の縁を切る気でな。刑務所に手紙書いて送ってん。そこに30万を同封してな。『手切金や、2度と連絡してくるな！』って書いてな。その時は初めて面会も行かんかってん。手紙を来ても返事も返さへんかった。それで、ちょっとは懲りたんかな。嫁を貰って、子供もできてな。ヤクザも辞めたし、これでようやく安心できるわ、思ってたんけどな。今度は夫婦仲がしっくりいかへんようになってな。いつもお正月とかお盆とかゴールデンウィークとか、家族連れて帰ってきてたのが、だんだん帰ってこんようになっていってな。嫁さんの態度も、ヨソヨソしくなってきてな。おかしいな、おかしいな、って思ってると案の定や。離婚するって言うてきてな。それからまたヤクザに戻りよってん。せっかく孫の顔を見れんのが楽しみやったのにな。ほんま、アホやろ」

　彼女の息子にとっても、不運が重なったのかもしれない。離婚することになったその年に、山口組が分裂した。当初、ヤクザを辞めていた元組員が、続々と現役に復帰する現象が生まれたのだ。男性もその渦の中に巻き込まれていってしまったのだった。

「それでちょっとしたら、また金がいるって、私に無心するようになってな。養育費も払われへんから、子供とも会わせてもらえんようになって、ヤケにもなったんやろな。マジメに働いてもしゃあないって、アホやから考えたんとちゃうかな。普通の人は、『それでも仕事はするもんやねんで』て言うても聞かへんねん。堪え性がないから。それでまた刑務所に戻ることなってん。でも、もう刑務所におってくれたほうが人にも迷惑かけへんし、殺されたりすることもない、安心やわ。ずっと元気で刑務所にいてくれたらええねん。ほんまにアホやから、いまだにあれ送れ、これ送れって、手紙きてるわ」

彼女の口調は、呆れているというよりも、どちらかといえば諦めていると言った方が適切ではないだろうか。ただそれでも、息子だから、お腹を痛めて産んだ我が子だから、見捨てることができない、というのがありありと伝わってきたのだった。

「あの子には言うてんねん。『いつまでもお母さんが生きてると思ってたらあかんで』って。お母さんももう年やねんから、『あんたも身体が元気なうちにヤクザを辞めて、働き口探しとかな惨めな生活を送らなあかんで』って。『色々と考えてる』って、本人も今は言うてるけど、アホやからどうせ何も考えてへんやろな」

アホと彼女が口にするときの彼女の声のトーンは、蔑むと言うよりも愛着のようなものが感じられた。来年秋に出所予定だという男性も、50歳の坂が見え始めた年齢だ。ヤクザを取り巻く環境は、年々厳しさを増している。実際、ヤクザで食えていけるのは組長クラスであったとしても、そう多くはないのではないか。そんな冬の時代に、名もなき組員が生きていけるほど、今のヤクザ社会は甘くない。

「何を考えて、あの子がヤクザになったか知らんけど、あの子が自分で決めたことやから、仕方ないわな……」

取材の終わりに、彼女がポツリと寂しげに呟いたのだった。

第四章 事件の裏で蠢くヤクザ

●CHAPTER1 変わりゆく芸能界との関係

2019年に世間を騒がせた闇営業問題。所属事務所を通さずに、あるパーティーの余興に宮迫博之を始めとした有名芸人が出演した。ところが、このパーティー主催者が特殊詐欺グループだったことで、反社からギャラを受け取ったとして、芸人たちが謹慎に追い込まれた騒動のことだ。途中からは吉本興業のお家騒動になっていたが、宮迫は現在も地上波放送には出演できずに、YouTuberになっていることを考えれば、それなりに深刻な問題であった。

この大騒動の発端は、余興の様子が映されていた動画が写真週刊誌に掲載されたこと。その前後からSNSで瞬く間に拡散されて物議を醸した。この動画は直近のものではなく、なんと5年も前のものだった。「なぜ、今頃になって?」が、いつのまにか「何か裏があるに違いない」となり、世間の想像をかき立てることになった。

果ては、スクープした写真週刊誌「FRIDAY」に小遣い欲しさに「反社会的勢力がリークし、動画を売ったのでは……。だとしたら、週刊誌も反社と付き合っているじゃないか」という議論まで引き起こすことになったのだ。つまり、スクープの裏側でヤクザや半グレが暗躍したかのように語られていた。だが、それらの憶測は的を外していた。

「闇営業をめぐる一連の報道は、宮迫を潰すための陰謀でも、半グレからのリークでもないんですよ。ただ、いわくつきの契約記者がネタ欲しさにネットで知り合った先々を回りまくって、そのひとつから『これなんて古いしネタにならないと思うけど……』とパソコンから出てきたのが例の動画なんです。この撮影していた人物もパーティーに参加していて、のちにパーティー主催者らが逮捕された時に逮捕こそされていませんが、取調べを受けています。記事化までに1カ月ほどかかっていて、この間に契約記者が一部の勢力に頼み、炎上させて焼き尽くしてもらった。先ほど、いわくつきと言ったのも、記事化前にネタを漏らすという週刊誌の記者としてはタブーを犯しているからです。そのあとも、この記者は素行不良でしたね。記事化された翌週には編集部と揉めて、FRIDAYから離れる。他誌に移籍したはいいけど、今度は偽名を使って、別の週刊誌と二重契約を結ぼうとしたり……。大スクープを報じたのに、FRIDAYサイドは記者の話題になると皆が皆、嫌そうな顔をして語りたがらないのはそのためです。まあ、この契約記者は詐欺で服役していたそうですから、偽名を使って生きていくのは得意なのかもしれませんが、結局は解雇になったそうですよ。どうしようもない内幕で闇営業で謹慎した芸人がかわいそうですよね」

ここまで裏事情を知っているからには出版関係者と思われたことだろう。この人物はむしろ逆側、つまり芸能界からメディアコントロールを依頼されるという。これ以上の素性は明かさないという約束で取材に応じてくれた。

「芸能界のフィクサー、いや最終的には僕がドンになっているでしょうね……」

時折、このような大言壮語とも思える話が飛び出る。男性の素性を全く知らない人が聞けば、ハシにもかけないだろう。ただ、この男性の人脈と能力、そして暴力を背景にした交渉術を少しでも知る業界人ならば「あり得ないこともない」と口をそろえるはずだ。

かつて「神戸芸能社」が山口組の直営企業だったように、ヤクザが芸能プロを経営することは珍しくなかった。昨今の芸能界とヤクザの接点はどこにあるのか。

「今はとにかく反社チェックにどこの事務所もナーバスになっていますね。確度の高い反社チェックをするコンサル会社が設立されていることからも分かるように、社会からの要請があるんです。私にもドラマや映画のキャスティングの際に『この俳優は大丈夫ですか?』と問い合わせがあります。撮影を終えて公開までの間に、俳優がヤクザと交流とか、クスリで逮捕なんてことになったら、製作側は目も当てられない。それで、キャスティング前に調べたいというのです。」

動画共有サイトを見ていると、組長の誕生日会に大勢の人を集めて、そこに芸能人を招いている映像がアップされている。その映像は10年以上前のものが圧倒的に多いが、はるか昔という印象はない。あの親分はこんなに有名人が誕生日祝いに駆けつけるほど大物だったのかと、ある意味で芸能人の知名度をヤクザが利用することもあった。逆に、出席した芸能人も親分の庇護を受けることもあっただろう。いわば、持ちつ持たれつの腐れ縁が続いていたというわけだ。

「10年前に暴力団排除条例が全国で施行されたでしょう。芸能事務所にしても、この暴排条例がヤクザと持ちつ持たれつの関係を精算させる契機になりました。島田紳助の引退でも、ヤクザとのメールのやりとりや写真が漏れた。当時から比較すると、ＳＮＳの発展も相まって、芸能人とヤクザとの交流がどこで噴出するか分からない状態になっています。世に出れば、芸能人生命は一発で絶たれます。当然、芸能人個人としても反社との付き合いを絶たなくてはならなくなっている」

要するに、どこかで繋がっていたヤクザと芸能界。その接点を暴排条例の施行により、断る理由ができたというのだ。一方で神経質にもなり過ぎてしまっていると、この男性は指摘している。

「例えば、最近のことですが、大手芸能事務所顧問の名刺を持っていた人物がある事件で逮捕された。その人物は元暴力団だったとバッシングされました。確かに、元ヤクザに間違いないんですけど、もう20年以上も前に足を洗っていて、引退から現在までの間に大型チェーン店なんかも経営しているんです。少しでもヤクザの痕跡があれば、叩いてかまわないというのが、現在の世論です。芸プロの方は苦しい弁明をしていましたね。勝手に名刺を持っていただけだ……でしたっけ？　その元ヤクザがシャバに戻ってくると、弁明していた役員は普通に、その元ヤクザと連絡をとっていましたけどね」

おかしそうに笑っているが男性の口からは、平然とした口調ながらも、聞く側を驚かせるような話がポンポンと飛び出してきた。

「まだ辛うじてというか、ヤクザの、それも大物クラスの力がないと、成立しないビジネスもあるにはあります。格闘技興業なんかはそうです。3年前の大晦日に行われたボクシングの世界チャンピオン、メイウェザーのマッチメイクなんて、まさにヤクザが力を貸して実現したものです。団体がどうのという話ではないんです。メイウェザーを来日させるのに一役買ったのは、有名な総長なんです。ザ・マネーと揶揄されるメイウェザーですから、『あれはクソ赤字になった』とぼやいていましたけどね。2度目も一応、日本側のテーブルについたのですが、仮契約だけで莫大な要求があったので、『もう付き合いきれない』と撤退していましたね」

TBE

そう言うと、男性は白い歯を見せた。冗談とも違う、嘲笑というわけでもない。その笑顔を、どう受け取っていいか戸惑っていると、男性が続けて言う。

「ヤクザと芸能界は現在、その関係性を断ち切っています。でも、どんどん遮断していくと、むしろ接点を欲していく。ヤクザ側というよりも、むしろ芸能人側から求めていることが多い。僕から言わすと、ヤクザと芸能人は同じ人種というか、同根というのか、近しい一面を持っていますからね。ただ、付き合うからには表沙汰にはできない。その関係は犯罪につながる危うさがあります。分かりやすい時代から分かりにくい時代になりましたよね。だから世間が僕なんかの存在に気づいた時には、フィクサーになっていたりするんですけどね」

どこまで本気でどこまで冗談を言っているのだろうか。男性はまた白い歯を見せたのであった。

●CHAPTER2 ヤクザ専門記者

事件が起きると、裏側でヤクザの関与がささやかれることが多い。だが、テレビや新聞の記者たちはヤクザよりも警察取材に注力する。そこで、フリーの記者たちの仕事が回ってくる。世界を見ても日本だけだと思うが、我が国の雑誌には堂々とヤクザの親分たちが掲載されている。その記事を作るために、ヤクザ専門のライターという人も存在している。「ヤクザでも半グレでも、その辺りを対象に取材するフリーのライターに多いんだけど、勘違いしているというか……」

そう話すのは60代男性。ヤクザ事情だけではなく、犯罪事情にめっぽう強い評論家だ。柔和な笑みを浮かべながらも、時折みせる眼差しは鋭い。だが、前述のヤクザ専門記者に質問が及ぶと、男性は蔑むというよりも、哀れみに近い声色で話し始めたのだ。

「だって、そうでしょう。本人に経験がないんだから。ヤクザやったり、不良やったりの。それでは、分からないよね。どれだけ取材しても、どれだけ偉い親分たちと親しくなっても、それは経験なんかではない。別にそれが悪いと言ってるのではなくて、その立ち位置で良いのに、なんでかぶれちゃうんだろうね。それは学生時代の反動なのかな。ずっと不良になってみたかったけど、そんな度胸も勇気もない。それが劣等感になって、今では学生時代に嫉妬した同級生の不良少年よりも、『オレは今、すごいんだ。ヤクザの親分衆と付き合いがあるんだぞ！』と心の中で叫んでるのかもしれないよね。そういう人たちに限って、新しい記者の人たちに、仁義がどうの、筋がどうのって言ってしまうでしょう。分かるわけないのにね。だいたい、ヤクザに詳しいとか、半グレに詳しいとかいうライターを取材しても何も出てこないですよ。考えても分かるでしょう。プロ野球選手を取材するのと、プロ野球選手を長年取材してきた記者に、野球のことを尋ねても全然違うでしょう」

何かと耳が痛い話だが、取材をしてきた人物に取材をするというのは、構図としては滑稽ではある。

「その点、実話誌の人たちは謙虚な人が多い。フリーランスで『ヤクザとは』と言っている人たちよりも実状に詳しいし、複雑な人間関係もよく分かっている。それは何故かと言うと、客観的な立場で状況を見て、取材してるから。舞い上がって、『○○の親分と自分は昵懇だ』と言っている人もいるらしいけど、それは自分自身は大したことないので、偉い人の名前を使っているだけ。いくら親分衆や組員と話をしても、相手も取材だよ。良い格好しかしないって分からないのかな」

ヤクザに限らず、半グレといった不良社会を取材するフリーランス記者に、その経験がないのは仕方がないことだろう。しかし、それを取材していく中で自身に投影させてしまい、全てを分かったような態度をとってしまうフリーランスが多いというのだ。確かに、すぐに思い当たるフリーライターは何人か存在する。態度が悪く、総じて臆病で卑屈というところで共通している。

反社会的勢力と呼ばれながらも、ヤクザがニュースになると、一般市民の注目を集める。2015年に起きた山口組分裂騒動では、ふだんは報じることのないマスメディアも連日のように報道し、ヤクザ一色に染まった。

「単純にケンカって面白いでしょう。特に、自分が傷つかない他人のケンカは面白いじゃない。日本という国は、とにかく暴力を抑えつけられている。ちょっとしたことでも、やれ傷害だ、やれ暴行だってね。ちょっと怒っただけでもパワハラでしょう。そのヤクザはそれを武器にしているわけでしょう。娯楽として世間は見ているわけですよ」

とはいえ、昨今のヤクザのケンカに物足りなさを感じているようで、続けて、この男性はこう話している。

「Twitterなんかで、互いに口で攻撃しあっているんでしょう？　あんなのただの悪口でしかない。究極的には『だったら会って、ケンカしろよ』と言いたくなる。小学生のケンカじゃないんだから。ネットに何を書かれようが、実社会では痛くも痒くもない。ヤクザの世界はなおさらそうでしょう。ヤクザが現役の人かどうかは別にして刑務所以外で、『ヤクザだ』と胸を張れる場所がなくなってきて、それがネットの世界では胸を張ってヤクザだと書き込める。それが、Twitterヤクザ全盛の原因でしょうね。もちろん、ツイッターの用途目的は間違っているけれど……」

ヤクザにとって、SNSが優越感を得ることのできる場所になっている。このことを、男性は決して称賛はしていない。いやどちらかといえば、蔑んでいる。あくまで現実逃避、承認欲求に過ぎない。つまり、どれだけ書き込んで、「いいね」やリツイートの数を量産したとしても、1発の銃弾には勝てるわけがないのだ。そうした苦言はこちらにも及んだ。

「話は戻るけど、あなたもそうだよ。いくら私を取材してもダメなんですよ。だって私はヤクザじゃない。あくまで仕事として、ヤクザの組員から話を聞く機会や相談を受けるケースはあるけれども、私をいくら取材しても、評論家としてのコメントしか作れない。掘り下げた記事なんて作れないんです。ヤクザにしても芸能人にしても、人それぞれ考え方が違う。だからこそ、一人ひとり会って、突き詰めていかないと。取材してる側をいくら取材したところで本質を導き出せるかといえば、永遠にたどりつけない。私はそう思うけどね」

ごもっともである。あくまで客観的な立ち位置を見失わず、取材することが大切だと教えられてしまった。理論整然とした男性の話は、この後も2時間続き、数日間は寝ても覚めても、男性の穏やかな声が頭の中でリフレインし続けることになってしまった。

●CHAPTER3 空前絶後の山口組分裂

「びっくりしたな。よう覚えてるで、8月25日の夜や。知り合いの週刊誌の記者から電話がかかってきてん。『山口組が割れるって騒ぎになってるけど、何か聞いてますか？』って聞かれたから、そんなことは100パーセントないって答えてん。それでも気になったから、ウチの本部に電話しても、変わりない言うし。やっぱりデマかって思ってたら、他の組の兄弟分から電話がきてな、『おい、兄弟！　山健組が抜けるらしいぞ』って言われて、それから2日後や正式に分裂となったんは……」

今から6年前の2015年8月27日、日本最大のヤクザ組織である六代目山口組が割れた。事件の影でヤクザが暗躍するのではなく、ヤクザ自体が事件の主役になり、ヤクザのニュースが各媒体で報じられたのだ。五代目体制当時、中核組織と呼ばれ、最大勢力を誇った山健組を筆頭にした13団体が六代目山口組を割って出て、新たな組織として神戸山口組を発足させたことが分裂騒動の根幹にある。現役組員は当時を振り返りこう続ける。

「不謹慎やと言われるかもしれんけど、次第にそれが現実やと分かると、やっぱり高ぶったで。内心、オレらなんて中学時代から鑑別所に入ったりしてて、卒業と同時に暴走族や。

10代の頃から、揉め事やケンカが好きで、その延長線上にあったんがヤクザやったわけやん。でも実際、ヤクザになると、規律や規則でがんじがらめになるねん。挙句、関西なんて、どこいっても山口組や。シノギでバッティングすんのも必ず同じ山口組系列や。身内やから揉めたりできんやん。上に報告して、ええところで折り合いがつくわけやねん。しかも、掛け合いは夜8時まで、席に着くのは3人までって、そこにもルールがあった。本音を言えば窮屈やった。それが割れたわけやろう。血が騒いで、普段、事務所に寄り付かんもんなんかも、ケンカなるかも知れんぞってなったら、すぐに集まったわな。皮肉なもんやけど本家が割れたことで、どこも活気づいた」

紙タバコを燻らしながら、落ち着いた様子でいながら、当時の興奮が伝わってくる話し方であった。当局のヤクザへの締め付けが強化されたことで、ヤクザ組織も規律を引き締め組織防衛に回ることを余儀なくされていた。それは組織を維持するための必要な策だったといえるだろう。しかし、現場で活動する組員たちには、そういった縛りが窮屈に感じる一面があった。そこに起きた山口組分裂は組員を高ぶらせるのは当然であった。

「デモンストレーションってあるやろう。示威行為や。もう長い間、繁華街を集団で闊歩するなんてなかったやん。ヤクザは随分と世間から追い詰められてたからな。それが威嚇しながら繁華街を肩で風を切って練り歩くわけや。無闇に歩くんやない。明確な敵が近くにおるわけやろ。そこには、本家には本家の大義、抜けた側には抜けた側の言い分が存在してたやん。当番や、事務所の掃除や、会費やと飽き飽きしていた組員にとっては、お祭りに似た感覚があったんや。口には出さんけどな。それくらいはマスコミ以上に盛り上がった。考えてみ、命がそこにかかってんねんで。ヤクザになったときに、先のことなんて考えてなかったわけやん。それぞれ、野心を持って成り上がったろうとか、銭つかんで、ええ暮らししたろう、て考えがあったから、ヤクザやったわけやん。敵を見つけたら、ケンカしたろう思ってたわな」

お祭りムードというのは、いつか終わりが来るものだ。この組員にとって、その終焉はいつやってきたのだろうか。

「あれっ。これブラックやん。おい、姉ちゃん、砂糖入れて言うたやろう……」

こちらの質問よりも口に含んだコーヒーがブラックであったことが気になったらしい。ウエイトレスの女性を呼ぶと、組員は話を続けた。

「ウチは最初に抜けた方におってん。だから余計に生き残るために戦わなあかんみたいなムードが充満してた。何せ向こうは昨日まで身内やった天下の山口組や。退いたら一気に潰されてまう。押していかなあかんて、周りの連中も士気が上がってた。でもだんだん膠着状態が続いたやろう。短期決戦やったら良かったけど、だんだん長引くとやっぱり原点

というか、我に返るわけやん。盃を反故にしてほんまにそこに大義があるんかってな。そんな最中に、本家に復帰することになってん。長期化したら、謀叛を承知で立ち上がったとしても、割って出た方は勝てん。現状を見てみや。もう勢力的にもそうやろう。割って出たのはええけど、割って出た親分衆らは、どんな理想を最終的に描いてたんかなて思ったわな」

組員が所属する組織は、分裂当初、神戸山口組に参画。その後に離脱し、六代目山口組に復帰。また分裂前の日常に戻り始めた矢先に、コロナ禍を迎えることになる。

「日常には戻ったけど、分裂問題が解消されたわけではなかったから、以前と比較すると組内の会費も下がったり、そないうるさく誰も言わんようになってた。組員も減ったしな。やかまし言うて勢力を落とすくらいなら、まだ分裂問題は終わってへんねんから、多少は許容範囲を広げるいうか、目をつぶろうみたいな。なんとなく選択肢も分裂のおかげで増えてもうたやろう。別に処分されたら、向こうに行きますわみたいにな。ウチのオヤジも運転手に対して、分裂前では考えられんくらい優しなったしな」

ここまで話すと、クックックッと組員は笑う。相当、おかしなことを思い出したのだろうか。

「分裂がヤクザ業界の緊急事態やったら、コロナは国全体の緊急事態やろう。反社、反社と言われてるけど、そのヤクザが外出するな！　繁華街に出るな！　密集はさけろ！　という伝達を出しとんねんで。世間は知らんけど、反社が一番、国の言うことをしっかり聞いて、それを守ってるやんて感じや」

確かに、緊急事態宣言の渦中には各組織が、さまざまな対策の伝達を組員たちに回している。コロナに感染すれば、「お前は当分、事務所に近づくな！」と言われるケースもあったようだ。一般市民よりもコロナ禍にはヤクザの方が神経質になっていたのは事実だ。

「いずれ、これも落ち着く時は来るやろう。分裂問題なんかもそうや。時間が解決する。そしたらまた日常を取り戻す。そこはカタギもヤクザも変わらんわ。また窮屈な毎日や」

組員はヘビースモーカーだった。取材を始めて1時間が過ぎた頃には目の前の灰皿は、あふれんばかりの吸い殻で盛り上がり、2本だけしか横たわっていなかったこちらの灰皿を引き寄せると、灰をまた落とし始めていた。

「それでも、ヤクザをやめる気はないな。前刑の懲役で嫁さんや子供に逃げられ、親はもういてへん。他の親族にはとうの昔に愛想尽かされてるから、オレがヤクザやろうがカタギになろうが悲しむもんも、喜ぶ人間もいてへん。ヤクザしかないというより、ヤクザしか知らんねん。また懲役に行くこともあるやろうけど、それは仕方ない。後は運や。もしかしたら、あれやぞ。5年後には兄ちゃんが口を聞けんほど、偉なってるかもしれんぞ」

またクックックッと独特な声で笑ってみせた。最後まで年齢すら教えてもらえなかったが、組員の年齢は50代手前といったところだろう。今後、刑務所に行く事態に直面したとしても、それは仕方のないことと諦めている。それは刹那的な生き方だ。

取材から1週間が過ぎた頃だった。追加で取材したいことが出てきたので、組員の携帯電話を鳴らしてみた。すると携帯電話の電源が入っていなかった。

「ヤクザはとにかく電話にうるさい。何をしてても、24時間いつでも電話にすぐに出ろと鍛えられんねん。今なんてLINEもあるやろう。そのレスポンスが遅いだけでも、電話が鳴る。『お前、LINE見てへんのか！』ってな。それやったら最初から電話かけてくればええやんと思うやろ。だから、もし電源が入ってなかったら、パクられたと思っててくれ」

もしかすると、取材時には身辺に逮捕される恐れを感じていたのかもしれない。だからこそ、「また懲役に行くこともあるやろう」と組員は口にしたのではないだろうか。編集部に戻り、組員が逮捕された記事が出ていないか調べてみたが、最近の記事で組員の名前がヒットすることはなかった。

――5年後には兄ちゃんが口を聞けんほど、偉なってるかもしれんぞ。

出所してきたら、まだ口を聞いてもらえそうだと思いながら、組員のクックックッという独特の笑い方を思い出していたのだった。

●CHAPTER4　ヤクザとTwitter

現在、Twitterというツールは誰しもが簡単に利用できる。便利なアプリであることに間違いない。当たり前に口にしている「バズる」「炎上」「焼ける」などの言葉も、Twitterが浸透したことによって、世間一般にも知れ渡る言葉になったと言えるだろう。世間を賑わせるニュースもそうだ。Twitterの拡散力により、今までにはないスピードで広がっていく。それはヤクザ社会においても同様だ。前述のように、特に山口組が分裂して以降はTwitterに数々のヤクザアカウントが現れ、敵陣を攪乱させる情報を流したり、中にはひたすら悪口をつぶやくアカウントまである。一時は百花繚乱の様相を呈していた。

Twitterの開発者が、「リツイート機能をつけたのは失敗だった……」と口にしたと言われるほど、SNSの中でもTwitterの拡散する力は、良くも悪くも世の中に影響力を与えている。それは時に事実と異なる出来事であったとしても、一度走り出した情報は、もう誰にも止めることができない。その情報によって、傷つけられて自ら命を絶つ人もいる。それとは逆にムキになって、反論する人もいる。それが欲望渦巻く裏社会では、喜怒哀楽の落差の激しい住人が多く、Twitterの世界もたいへんなことになっている。

ただ、この男は、それをハナで笑うかのように否定してみせた。

「気持ち悪いというか、女々しいでな。いや、見てはいるで。アカウントもあるしな。そうなんや？　とも思うで。ただ、アホみたいに執着して、頭にくるなんてない。相手がどんなヤツかも分からんのに、いっぺん文句言うたろうなんて発想は、死んでもせんと思うわ。頭に来たら、殴る、脅す、それを理由にたかる。チンピラやと言われようが、ヤクザは基本的にそうやないとあかんやろう。中には、現役の組員を名乗り、情報通になることにヒロイズムを覚えてまう人間もおるみたいやけど、ヤクザが格好悪いでな」

この男は三次団体の幹部。二次団体の幹部として、何度も上層部から打診を受けているが、自分には荷が重いと断り続けているという。

「もちろん建前やねんけどな。実際の話やで、さらに上の立場で話があっても、オレは受けん。会費は増えて、身体が取られる時間も増える。オレの直接のおっさんは、何せクソでな。昔から嫁はんに影で2ちゃんねるに書き込みさせて、表ヅラは極道の鏡みたいなことを、もっともらしく口にするようなヤツやねん。金に汚くて、出世欲が強い。恥じらいもなく、自分で自分を称賛するような投稿を嫁さんにＴｗｉｔｔｅｒで書き込ませとるわ。バレてへんて思ってるのは本人だけで、みんなクソカス言うとるわ。そんなおっさんを親と呼ばなあかん。オレ自身は憐れでしかないでな。ていうか、これ絶対に特定されんやろな？　Ａの紹介で、どうしてもって言うから協力してんど。絶対に特定だけはされんようにしてくれよ！」

男を紹介してくれたＡも現役のヤクザであった。その出会いのきっかけは、ある記事によるものであった。こちらが執筆した記事で、Ａに呼び出されて、怒鳴り上げられたのだ。ヤクザライターをやっていると、怒鳴られるくらい、勲章でも修羅場でもなく、日常の出来事でしかない。問題はそこからだ。クレームを入れてきた相手を、ネタ元にするくらい向き合っていくのである。Ａは肩書きもあり、立場のある人間だった。ネタ元にするには申し分のない相手だった。だからといって、Ａの要求は易々と呑めるようなものではなかった。ただひとつ、「訂正記事を出せ」というものだった。だが、こちらもこれで生業としている以上、明らかな事実誤認でもなければ、訂正を入れるわけにはいかない。それはライターとしての矜持の問題だ。裏取りもしっかりとできていた。

「訂正を出すには、こちらが間違いだったという証明を提示してください。それが明確になれば、訂正を出し、改めて謝罪もさせて頂きます！」

そう突っぱねると、Ａの表情はみるみる真っ赤に染まり、「オノレ！　ワシが訂正出せ言うたら、出したらええんじゃ！　殺してまうぞ！」と怒声を浴びせられ続けた。

「できないものはできません！」

そのたびに、こちらは同じセリフを繰り返した。ヤクザとて同じ人間、ずっと怒り続けられるわけがない。そう信じていたが、なかなか怒りは収まらない。もう一発ぐらい殴られることも覚悟した。でも、根負けしたのはＡの方であった。

「えらい変な記者に当たってもうたでな。まあ、ええわ。ワシも本部から言われたから、クレームつけとるだけや。事務所には、『これ以上、カマしたらサツに走られます』って報告しとったるわ。もうええ、近づくな、はよ帰れ」

帰れという言葉にホッと胸を撫で下ろした。その後は、Ａをなんとか自分のネタ元にできないかと、ことあるごとにＡの携帯電話を鳴らした。始めこそ無愛想に電話を切ったが、次第に面白がってくれ、気がついたときには的確なアドバイスをくれる関係になっていた。その関係性から紹介されたのが、先の男だった。とっかかりは、いつものようにＡにことの真相をもらうために入れた一本の電話だった。

「以前に現役を名乗る鍵付きのアカウントにうまく入りこめたって言ってましたよね？

そのアカウントが、こんなことを言ってるんですよ。分裂問題がいよいよ解決するって。それって本当ですかね？」

Ａはせせら笑った。そして先の組員を紹介してくれたのだった。その組員が話す。

「だいたいな、なんでわざわざ事務所のことをさも情報通みたいに、Ｔｗｉｔｔｅｒでこそこそ隠れて匿名で投稿せなあかんねん。実際に現役か、ただの騙りかなんてどうでもええ。ウチのおっさんみたいに現役の組長が嫁はんにやらせてるようなケースもあんねんからな。ただな、考えてみ。仮にもヤクザは男稼業やろう。理由がどうあれ、匿名で誹謗中傷するって、それが男のすることかいうたら、違うに決まってるわな。Ｔｗｉｔｔｅｒで大人が夜中までずっと言い合いすんねんぞ。そんなもん、口ゲンカ以下やんけ。想像するだけで気持ち悪いやろう」

男が自身の親方である組長に対して、嫌悪感を抱いているのはすぐに分かった。そして組長の奥さん、つまり姐さんに対しても、同様の感情を抱いていることも感じ取れた。男は決して、組長の妻を「姐さん」と呼びはしなかった。

「Ｔｗｉｔｔｅｒで炎上すれば、内容が変わんねん。おっさんよりも嫁さんのほうが、もう依存というよりも、病気やわな。事務所に貼ってある破門状を撮って、ちょっと加工して、それを投稿したりする意味が分かるか？　何が面白いねん。そういうヤツはな、上のもんの話を盗み聞きするようになる。ただ、アホやから真意を理解できてへんねん。だから、間違った情報をＴｗｉｔｔｅｒで流しよんねん。ちゃんと理解できる人間は、自分の生きざまを匿名で投稿することが、正しいか、正しくないか、なんて考えんでも分かるやろが」

男の言葉には妙な説得力があった。確かに、ヤクザ情報をいち早く発信し、Ｔｗｉｔｔｅｒ内で一部の層から支持されたとしても、そこに建設的なものは一切ない。それは理解することができたのだが、男の話に理解しがたいこともあった。

「なぜ、そこまで組長さんや奥さんを嫌ってらっしゃるのに、ヤクザを辞めようと思わないのですか？」

少なくともヤクザを続けている以上は、会費を組に納めたり、理不尽な拘束を組長のために余儀なくされたりすることもあるはずだ。それでも男がヤクザを続けている理由を知りたかった。

「お前はアホか。クソみたいな親でも、ヤクザの盃を甘く見んなよ。盃を交わしたからに決まっとるやんけ」

そこで男は言葉を切ると、声色を変えた。

「ただな、人間には限界ってあるわな。オレはただではカタギにならん。オレはカタギになる時は、あいつが死ぬ時だ……」

毒でも吐き捨てるような口調だった。こんな人間模様は間違ってもTwitterには存在しない。Aがなぜ男を紹介してくれたのか。それは一度、現実を見てこいということだったのではないだろうか。

今のところ組長が男に殺されたというニュースは飛び込んできていない。

●CHAPTER5 ヤクザ弁護士

反社会的勢力と位置づけられたヤクザに人権はないに等しい。銀行口座が作れない、アパートを借りることもできない。日常生活を送ることが困難なのだから、本来なら人権侵害である。ところが、人権なきヤクザが矛盾に到達することがある。それは事件を引き越した時、つまり法の裁きを受ける時である。暴対法や暴排条例で一般市民とは違う生活を強いられながら、罪を犯せば、ともすれば一般市民よりも厳しい裁きを受けることになる。つまり、法によって人権を奪われながら、人権を保障するはずの法によって裁きを受けることになるのである。だが、法廷という最後の人権の砦において、法の番人を請け負う弁護士が存在している。最近では、ヤクザの依頼を断る法律事務所もあり、民事・刑事を問わずヤクザからの依頼を受ける弁護士はありがたがられる。しかし、「ヤクザ弁護士」という、ありがたくない称号がついてしまう。

全国各地の矯正施設では、弁護人の接見に限って、担当職員の立ち会いがない。そのために、被疑者や被告人に対して伝言を自由に行うことができる。それは時として、証拠隠滅に繋がることもあれば、共犯者との口裏合わせや組織からの指示など、本来なら不可能な事柄まで、可能にすることができてしまうのだ。無論、万が一にでもそのような事態が表沙汰になれば、弁護士バッジを外すことになる。だが、実際にそれを請け負うのが「ヤクザ弁護士」である。現役組員から、そう認識されている弁護士が話す。

「『ヤクザ弁護士』だって？　人聞きが悪いな……。ただ、僕はヤクザというものに興味があるのは事実ですよ。妻や子供たちには、『ヤクザの組員ばっかり弁護して何を考えてるんですか』って非難されてるけどね」

年齢や見た目といった野暮ったいことは止めておこう。第一印象として、目の前に座る弁護士の眼鏡の奥には、柔和な笑顔とは真逆の眼光を宿していた。それには恐怖すら感じる。

「ヤクザの組員ばかりを弁護するから、やはり評判は良くないですよ。弁護士業界でもね。

国選弁護人ならば渋々でもやらなくちゃならないんだけども、多くの弁護士は最初にはっきりと『事務所などに伝言や連絡は一切しない』と断ってしまうから……」

刑事事件の裁判では、世間を震撼させるような救いようのない凶悪犯であったとしても、法廷では弁護人がいる。法律的にも弁護士が決まらなければ、裁判が進行しないのだ。ただ誰しもが、弁護士をつける費用や知り合いがいるわけではない。そうした場合は、審理を進めるために国選弁護人がつくことになるのだ。対して、費用をかけて、自ら特定の弁護人に依頼するのが、私選弁護士となる。

「ヤクザの弁護ばかりを引き受けているわけじゃないけど、他の弁護人よりも僕の場合は現役組員が多いのは確かでしょうね。口コミで広がっちゃうからね。紹介の紹介で依頼が回ってくるの。もちろん断るケースや途中で辞任することもあるけどね。ヤクザと一口に言っても色んな事件があり、色んな人間がいるからね。でもね、ほんのひと握りだけど、人間的魅力というのかな。刑務所を怖がっていないというか、男らしい組員もいますよ」

それは長期服役することを覚悟して、自らヒットマンとして組織のためにジギリを賭けた組員だという。

「全員が全員というわけじゃないですよ。ヒットマンでも大抵は心配するわけですよ。『死刑になりませんか?』『無期になりませんか?』『何年で出れそうですか?』ってね。そんなに嫌なら、やらなければ良いのにね。ただ、中にはいるんですよ。覚悟を決めている組員がね。あれは美学なんでしょうね。そんなことは一切、口にしない。もう生きて出られないと分かっていても慌てないんです。こっちが心配ごとはないかって尋ねても、『もう全部、済ませてきている』と未練を残してないんですよね。そういう人間は取り調べでも、絶対に余計なことは喋ってないですね。『全部、自分の意思で自分がやった』で押し通しますよ」

反対に同じヒットマンであったとしても、逮捕後に供述を一転させて、少しでも助かろうとする組員も存在する。

「覚醒剤なんかの勢いを借りて発砲したりする組員なんかは、その傾向が多いですね。あなた今さら『何言ってんの？』と内心、問い返したくなるようなことを言い出したりしますよ。それで刑期が短くなんてならないのにね。そんなことを言えば、反対に自ら所属している組織に見放されるのに。もちろん口にはしませんよ。だいたい第一印象で分かるけどね。どういった人間かはね。初めの接見で嫁や子供のことを言い出す人間は、だいたい途中で心が折れちゃうね。それで決まって、組長の文句や組の文句をダラダラと言い出す」

男性はそう言うと、声に出して笑って見せた。組織に対する不満は、社会での家族に対する支援のものが最も多く、続いて面会や差し入れなどの自分への支援だという。

「ヒットマンで行かしたはいいが、社会情勢なんて変わるでしょう。特に、今はシノギを取り上げられたから経済的にも、物心ともに約束通り支えることが難しくなってるんじゃないかな。そうなると、約束が違うと恨みに思うわけ。でも、最初からそれをアテにしてない組員もいるんですよ。もうシャバに戻れないと初めから諦めているというか、ヤクザの道を選んだのは自分だから仕方ないと達観してるというかね。そういう人間は接見に行っても、あまり事件の話もしないね。社会の評価も対して気にしてないですしね」

今ではヤクザの組員であったとしても、ＳＮＳの書き込みでさえ、気にする時代だというのに、そういう次元とは異なるような武士が現実に存在するというのだ。男性はそこに惹かれることがあるという。

「少なくとも、ボクが反対の立場だったら真似できない。下手すれば一生、刑務所ですよ。少なくともヒットマンとして事件を起こせば、今では20数年は確実に出てこれないわけですからね。それでも顔色を変えないんです。そんな人たちは、別の人生を選択してれば、成功してたんじゃないかなって、感じさせられますね」

今後も男性はヤクザの組員の弁護を引き受けていくのか。最後に尋ねてみた。

「いやいやいやいや、何もヤクザの弁護ばかりをやっているわけじゃないですよ」

顔の前で大袈裟に手を振り、笑い声を立ててると、最後にこう付け加えたのだった。

「ただね。金払いはヤクザの親分衆よりも良いけれども、特殊詐欺の弁護だけは、よほどの事情。例えば、本当に知らず知らずのうちに巻き込まれたみたいのじゃないと、引き受けないですね。あれはなんて言うのかな、さすがに良心が痛むというかね。騙し取られた金なんて、被害者にほとんど戻らないんですよ。そのお金の一部が弁護士代になっている可能性だってあるわけです。引き受けられないですよね」

特殊詐欺のリーダー格が逮捕されると、弁護士も1人ではなく、数人がつくことも少なくないと言われている。それだけ被害を出し、財を成しているということの証でもあるだろう。

「まあ、ヤクザ弁護士なんて見られてるようじゃ、世間からすると、僕も目くそ鼻くそでしょうけどね」

また声を立てて笑ってみせた。だが取材中、一度たりとも目の奥が笑うことはなかったのだ。

第五章 生き方としてのヤクザ

●CHAPTER1 なぜヤクザは職業ではないのか

ヤクザとは、職業を指す言葉ではなく生き方なのだ――。

ずいぶんと使い古された言葉だ。が、当の組員たちは、本当に生き方と信じているのだろうか。これまで曲がりなりにも、多くのヤクザを取材してきた。我々のようなカタギと同じく、一口にヤクザといっても、その生き方はそれぞれだ。中には独自の言葉で、ヤクザ論を説く組長もいた、大袈裟に聞こえるかもしれないが、自分の哲学を確立しているのだ。そう感じさせたのは、関東在住の某組長である。

景気のいい話を聞かない現在にあって、「儲かって仕方ない」と悪びれることもなく口にするのだから、この組長が風変りなことは分かってもらえるだろう。ヤンチャな子供が、そのまま大人になったような印象と言えばいいのか、取材時もスウェットの上下にモンクレーのダウン、ラフな格好なのに、身につけているもの全てがブランド品ばかりである。

確かに儲かっているのだろうが、いったいどんなシノギをしているのか。すると、「なんでもやる」と平然な顔で組長は、このように続けた。

「直接、オレがやるなんてことはもちろんない。下の若い衆らがやるんだ。そこに、いちいち干渉なんかはしねえ。聞こえはよくねえだろうが、シャブを触ってるヤツだっている。パクられちまえば、テメーが処分されることを理解している。それでも身体を賭けてやってんだ。オレがいちいち咎める必要あるか。ヤクザやってんだからよ、なんでもやらなきゃ意味がねぇじゃねえか」

強がっているわけでもなければ、開き直っているわけでもない。ありのままを口にしているということは、その話し方や声のトーンで理解できた。ウソ偽りのない弁舌ゆえに、組長のもとには若い衆が集まってくる。ヤクザ業界全体として組員の減少傾向が止まらないのに、組長の組織は増え続けているというのだ。

「なぜかって。簡単な話だ。オレが若い頃から無茶して名を売ってきたから。全国どこの寄せ場（刑務所のこと）に行っても、オレの舎弟や若い衆がたくさんいるよ。出たり入ったりだったからな。こんなにシャバが長いのは初めてじゃねえかな。悪い薬を卒業してパクられなくなったんで、今はシャバで若い衆が増えてんだよ。ウチぐれえじゃねえか、20代や30代がこんなにいるのって。もちろん、単純に勢いがあるということで若いのが集まっているだけかもしれない。だいたいウチならどこの組織が相手になっても、こっちの話を聞いてくれる。自分でも言うのもなんだが、飛ぶ鳥を落とす勢いっていうの？　でも、全部が全部うまくいってるかといえばそうじゃない。若い時の無茶が祟りやがって、肝臓はボロボロだ。まあ、これで健康だったらバチが当たるってもんだな」

ヤクザの病気で圧倒的に多いのが、C型肝炎から始まる肝臓病だ。覚醒剤の回し打ちや、刺青を入れる際に感染するとされている。若い頃の暴飲暴食も一因だろう。改めて、ヤクザとは職業ではなく、生き方なのかを問うてみた。

「それは簡単な話なんだよ。組織なんて、もっともらしい言葉を使うから訳が分からなくなるだけ。ヤクザは組織じゃなくて、家族なんだよ。そのためにあるのが盃じゃねえか。盃を交わすことで親子になったり、兄弟になったりして家族になるわけだ。じゃあ、家族ってなんだ？　それは家業として八百屋をやってれば、父ちゃんと子供が一緒に働くこともあるだろうけど、基本は父ちゃんも息子も自分で仕事を見つけて、働いてこなくちゃなんねえだろう。それと一緒だよ」

当たり前のことを聞くなという口調だった。確かに、組織という言葉から会社をつい連想してしまう。つまり、それは営利追求を目的とした集団だ。必然的に仕事に結びついてしまう。しかし、ヤクザが言う組織という言葉を家族という概念で考えてみれば、組長の言うように、職業とはかけ離れてくる。だからこそ、家族である組員ひとりひとりが食い扶持を確保して、生活していかなくてはならないとなる。

「ヤクザだって、十人十色だからよ。オレが言っていることが、正解かどうかなんて分かんねえよ。だけど、オレはそう考えてやってきた。若い衆にも同じように説いて聞かせてきた。考えてみろよ、ヤクザが職業なら、刑務所に行っているヤツはどうなんだ？　組のためならいいよ。一般の会社だって有給くれんのと一緒で、組が面倒を見てくれるだろう。だけど、ほとんどが自分のことで懲役に行ってる。ヤクザが職業なら休み過ぎだ。そんなもん普通の会社でもクビだろう。同僚だって見捨てる。だけどヤクザは違う。自分のことで懲役に行っていたとしても、差し入れは当たり前。弁護士を入れたり、面会にも行く。それはなんでか？　なんべんも言うように、家族だからだよ」

つまり、意識するかしないかの問題だけで、ヤクザとして生きるということは、家族の絆を結ぶことだと誰しもが理解しているという。そして、組長が話す理論に基づけば、ヤクザが生き方であり、職業ではないとする考えも、スッと理解できた。

「とはいえ、だいたいヤクザの最期は寂しいと相場が決まっている。家族だって、そうだろう。子供らが大きくなったら、みんな家を出ていく。そんなもんさ。ウチだって、この勢いがいつまで続くか分からない」

組長の考え方はきわめてシンプルだった。ヤクザなんて中卒ばかりで難しいことを考えても仕方ないとも話していた。この刹那主義もヤクザらしい考え方なのかもしれない。

●CHAPTER2 刑務所という日常

常識的に考えると、何度も刑務所に入る人間は人生の脱落者である。ただ、ヤクザの場合は必ずしもそうではない。服役したことは、ある種の勲章のようなもの。それを証拠に、刑務所内で初犯いわゆる初めてのお務めともなれば、確実に他の服役者から軽く見られる。それどころか、刑務官、業界用語で言うところの「官」からも明らかに「なんや初犯かい」と下に見られるのである。これも一般社会と遮断された刑務所内の独自の文化なのだ。その独自性ゆえに、刑務所内にはカタギはおそらく一生、使うことはないだろう懲役用語が飛び交っている。

「『罰に座る』と言われて、何の知識もないシャバの人間は意味が分からんわな」

男は刑務所に入所すること通算6回、まだ50代後半であるのに、人生の3分の1以上を刑務所で過ごしてきたベテラン出所者。20代から30代にかけて、ヤクザ組織にも所属していた経歴があり、全身にはまだ完成しきっていない入れ墨が未完のままに彫られているという。現在に至るまで一度も真っ当な職についたことがないのだが、なぜか胸を張る。

「ワシの人生やん。働く気なんてさらさらない。そこらの若いヤツに『おい、おっさん！』

なんて言われて、黙ってられるかゆうたら、絶対に無理やわ。それは無理や。口どころか手も出るわ。そうなったら、また懲役やん。同じ懲役行くなら、金になるようなことせな、値打ちがない。今風に言うなら、ワシは半グレってヤツやな」

もう一度書いておく。男の年齢は50代後半である。もはや半グレでは済まないほど人生という時を刻んでしまった。後戻りできない、全グレとして認定したい。

ただ、この男、あくまで自称ではあるが、受刑中は刑務官から一定の信用を得ていたというのである。先ほど話していた「罰に座る」だが、刑務所内で問題を起こして懲罰を受けることだそうで、懲役用語が多いが、そのまま話を続けて聞いてみよう。

「ワシの『身分帳』見たら、『経理』もしくは『洋裁』のエリートやってすぐ分かる。だいたいミシンやったら3カ月もすれば『立ち役』や。一年で『赤線』まいとるわな。罰なんて一回しか座ったことあらへん。それもふりかけの不正授受や。満期ルール言うてな、満期の3カ月前になったら、『ほやき』や一品を同じ房の懲役に、もうすぐ出所やからいきなはれって、気持ちよう上納する暗黙のルールがあんのや。もちろん担当に見つかったら、懲罰や。刑務所の中ではちり紙1枚でも、他の者から、もろうたらあかんからな。箸箱を食器口から廊下に出して、担当が来んか『シケ張り』させとったら、担当がしゃがんで隠れとったんや。斜め前からスッとふりかけがワシの方に滑らされてきて、それをパンと手で叩いた瞬間、『こら！　動くな！』や。ふりかけ一つで、人でも殺した殺人犯を発見したくらいの勢いで担当が雪崩れこんで来よったがな」

　刑務所に服役した経験がある人間は、シャバに帰ってからも中の言葉が、つい口をついて出てしまう。例えば「身分帳」は入所経歴、服役中の態度、さらには家族関係など服役者の全てが記録された文書のことで、刑務所で問題を起こす人の身分帳はブ厚くなる。また「経理」や「洋裁」は配置される工場で、「立ち役」というのは工場内でも指導的立場にある服役者のことを指す。他にもティッシュのことを「ちり紙」と言ったり、味噌汁のことを「汁もの」。お菓子などの甘味は「ほやき」や「甘シャリ」などという表現で呼ぶ。

「シケ張り」とは、鉄格子が嵌め込まれた隙間のスペースから箸箱を伸ばして、その反射を利用し、刑務官がやってこないか見張ること。それで、刑務官がやってくると、「ズズ！　ズが来た！」と知らせる役目のことである。「ズ」とは懲役用語で「ヤバい！」などの意味に匹敵する。例えば、「ズを見とけ」と言われれば、それは担当を見ておけよ、という意味である。

「2006年やったかな。監獄法が改正されてから、懲役もだいぶ緩なってた。なに？　懲役用語で話せてっか。そやな昔やったら、務めやすなったことを、『こりゃこりゃ』とか『ホイホイ』言うとったけど、今はそうやな。どないやあそこの刑務所は『締まっとるか』って聞かれたら、『マンガや』て言うようなってたな」

マンガのように楽という意味である。それを昔は、「こりゃこりゃ」や「ホイホイ」と言った隠語を使っていたと、このベテランは話すのである。ちなみに、2年未満の短い刑期などのことを「しょんべん」と言うのであるが、その意味は、用を出している間に終わってしまう刑期のことで、これも時代と共に微妙に変わり、以前は「右向いて左」。右向いて左を向いたら、務め終えてしまうと言っていたようだ。

「現役の人間は、工場に配役されてきた瞬間から一目置かれるわな。特に組事やジギリで身体を賭けてきた懲役に対しては、周りも立てて物事するし、ジギリ賭けてきた自負が本人もあるから、立派に務めるわな。自然とその人間の舎も工場内にできるからな」

立派な務め方とは、中の生活でも一生懸命に作業し無事故無違反が鉄則。現役ヤクザは仮釈放がないので、マジメに所内生活を送っても早く出所することはできない。だが、だからといって「やりっぱなし」と言われるような務め方はせず、周囲からも「さすが、ジギリを賭けてきた人間は違う」と言われるような務め方をして見せるのである。ヤクザ社会で評価されるような功績をあげ、そういった務め方をしていれば自然と、その人間の周りには人が集まり、中には「舎弟にしてください！」と志願する懲役が出てくるのである。そうしたグループを「舎」と呼ぶのである。

「中には色んな懲役がいとるからな。ワシもこれまでの懲役で色んな親分衆と一緒になったし、無期で務める現役の人なんかも一緒におったことあるわな。赤線言うたら、作業着の帽子に赤線が巻かれた懲役で正式名称で言うと計算工や。これは仮釈と一緒で現役の懲役は対象外や。ワシのように工場担当に信頼され、担当のオヤジのサポートをするわけやねんけどな、その分、融通をきかすことができるポジショニングや」

この「ポジショニング」も刑務所内の隠語なのか……。「ポジション」で通じるので、もしかしたら誤用のような気がしないでもないが、つまり工場の正担当と呼ばれる刑務官が、学校で言うところの担任の先生ならば、計算工は学級委員長のような立場となる。先ほどから出てきた「赤線をまく」の意味が分かったかと思う。

「だからワシが赤線まいたら、シャバでジギリかけてきた現役や親分衆のお世話はようしたで。みなが出所する時には、出所したら遊びこいよって声をかけてくれるほどや。普通やったら、話すこともできんくらい偉い親分がやで」

だが、こう話す男の一般社会での信用はゼロ。話を聞けば聞くだけ、社会で生活するよりも、刑務所の中にこそ彼の居場所があるような気がしてならなくなった。

「いっぺんカラオケ大会で優勝したことがあってな、工場担当のオヤジにもえらい喜ばれたもんや」

まるで、修学旅行の思い出話を話すかのように、男は遠い目をしたのであった。

●CHAPTER3　組員であることの喜びとは

ヤクザという生き方を選んだことは、気の迷いや若気の至りなど、いくらでも偶然に組員になったと言える。だが、刑務所生活と隣り合わせ、組織に会費を納めることはあっても、賃金をもらうことはない。暴対法に暴排条例と各種法令に締め上げられ、食べていくための合法・非合法を問わずビジネスをしようにも簡単にはいかない。なのに、ヤクザという生き方を辞めないからには、どこかにメリットがあるはずだ。

いや、職業ではないのだから、メリット・デメリットという考え方が間違いなのかもしれない。そう、強いて言えば、ヤクザであることの喜び。歓喜する瞬間がなくては、生き方を曲げないなんて、そう簡単にできるものではない。

「喜び？　そんなん、あると思うか？」

そう言って、こちらの熱弁を鼻で笑うのは40代半ばの二次団体の現役幹部。そんなにナンセンスな質問をしたつもりはなかった。

「はるか上の親分衆らは違うやろうけど、ワシらは言うても宮仕えの身や。現実的に電話が鳴って、『今から事務所こい！』『明日からどこそこ行くぞ！』と上から言われたら、家族で買いもんしてようが、シノギをかけてようが、それを全部キャンセルして行かなあかん。『こっちも生活があるんですよ！』と内心は思っていてもや。それが嫌なら、静かに去るしかない。ただ静かに去りにくい空気というか雰囲気は作られるけどな」

焼き鳥を頬張りながら、はにかむように話す。まるで組員であること自体に、喜びといった概念など存在しないとでも言いたげだった。だからこそ、余計に食い下がってみたくなった。今、なかったとしても、これまでに喜びを感じた瞬間があったからこそ、ヤクザを続けているのではないのかと。幹部は思いを巡らせるような表情を作りながら口を開いた。

「そうやな。唯一、現役で良かった思えたのは、刑務所の中かな。あそこは入所してきた順番で立場が変わるねん。工場に配役された最初の半年間は、舎房でも新入扱いされてトイレ掃除させられたり、便所に行くのでも、『大便しますー』と同じ房の懲役にお伺いをたてる刑務所ならではの風習があんねん。それが現役の人間で、それなりの立場があったら、新入当初からそういったものが度外視される。その時には、ヤクザであることを誰にも遠慮なく、もちろん官にもアピールできて、ヤクザやってて良かったなって思えんでもなかった。ただ、仮釈はもらえんけどな」

ヤクザの組員は刑務所の中で、仮釈放を受けたければ、偽装であれ、組織からの脱退届を提出し、離脱教育などを所内で受けなければならない。

「昔から言われている考え方は二つあって、『ヤクザは事故なく満期』という考え方と、中にいても親分や組織のためにならんから、『偽装で脱退届を官側に出して、仮釈を貰って1日でも早くシャバに戻って組織に帰る』って考え方。ただ、後者はやっぱり他の懲役に内心、蔑まされるねん。ヤクザのくせに『仮釈をもらいやがって』と。我のキツイようなヤクザが取り仕切ってる工場やったら、仮釈もらって帰るなら工場で代紋を名乗らんとってくれ、みたいなこと言うてくるケースもあったりすんねん。昔からある刑務所ルールやな。そんな時、ワシらは前者の考え方というか、ハナから満期やから、中では代紋も名乗るし、それを分かった上でケンカ売ってきたら、シャバまで持って帰るってスタイルやねん。だから、周囲も遠慮してくれて務めやすい。ヤクザでええ思いできたのは、底辺に落ちた時の刑務所くらいちゃうかな」

不自由な生活の中で、ほんの少しの自由を得られることが唯一の喜びでは、やっていられない。ヤクザはこれまでにないほどの弾圧を受け、従来のシノギ全てを抑え込まれた状態だ。だが、ヤクザの親分衆が豪邸に暮らせるくらい我が世の春を謳歌した時代があった。

幹部もそうした恩恵を受けた時代があったのだろうか。

「ワシらの上の世代はバブルで、1発当てたら家が建ったなんて言うてたらしい。実際、どこの二次団体でも、今なんかじゃ考えれんほど会費も高かったし、もちろん人もようさんいてたしな。だけど、ワシらがヤクザになった頃は、バブルどころかその余韻もすっかり冷めて、高いのは会費だけやった。会費が大幅に下がったんは、山口組の分裂があってからちゃうかな。それでも、ヤクザなりのシノギはまだあったんはあったで。パチンコのゴトとか闇金とかかな。それで軌道に乗った者もおった。ただヤクザいうのは大袈裟なもんやろ?」

幹部はそこまで話すと、こちらを伺うような視線を向ける。意図するところを掴みかねていると、幹部が続けた。

「だいたいちょっと小銭に持ったりすると、あいつは銭を唸るほど持っとるとか、いくらいくら持っとるという話しが大きなんねん。言われた方も見栄はるしな。でも、実際はたかが知れてるって。今じゃ、それすらなくなった。景気の問題やけど、小銭を持っていても、みんな持ってへんフリする時代になったわな。ええ思いなんてコレといってないな」

では、幹部は現在、どのような1日を過ごしているのか。その日常の中にヤクザとしての喜びが隠れているのではないかと思ったのだ。

「毎日？　その辺だけは楽になったな。ワシらの事務所は特定抗争指定で使用制限を受けて、使われてへんようになった。こんなん言うたら、上の人間らに怒られるけど、当番がなくなって身体が取られる回数が減っただけでも、内心ホッとしとるで。その上で、コロナ禍やろう。ヤクザの親分衆は高齢の人らが多い。なおのことデリケートや。一時は月1回の寄り合いも密集をさけるために見送られたりしてたからな。ヤクザなんて実際は、みんな雁字搦めが嫌いやねん。だからヤクザなったのに、いざ組織に所属すれば、企業以上に拘束される。それなのに経済は上に向かん、法律がうるさくなったから、人は減るわな」

幹部はだいたい毎日午前10時くらいに目覚め、所属している組で定められている1日2回の事務所への定時連絡を入れるという。定時連絡は午前10時と午後2時。事務所の使用を禁じられている現在は、転送されるようになっており、その転送先になっている組員に安否連絡を入れるというのだ。

「安否や定期やいうたかて、何も変わらへんで。変わりあっても変わりないって伝えるねんからな。決まりみたいなもんや。そこからテレビを観たり、シノギの話になったら出かけていき、何もなければ、今は緊急事態宣言で飲食店が時短営業なってるやろう。夕方から家でだいたい宅飲みやな。あと犬の散歩に行くぐらいやな」

無職渡世とはよく言うが、幹部の暮らしは遊び人そのもの。面と向かって言うのは憚られるが、暇人にしか見えない。それでも生きていけるのか。カタギの我々には理解しがたかった。

「もちろん節約もしてるし、知り合い相手に金貸ししたり、なんとかやれてるで。条例で締め上げられても、昔の馴染みでずっと守り代払うてくれてるところもあるしな。会費も国が緊急事態を出すようなご時世や。ほぼ免除に近い。それでもなんとかや。そこはヤクザやからとか、カタギやからとか関係なく、今はみんな一緒やろう」

確かにコロナの影響で幹部が言うようにヤクザとカタギの別なく、大不況にさらされている。中でも、この幹部の場合は話を聞く限り、暮らしに困窮することなく、生活できている方ではないだろうか。この幹部はヤクザをやっていても喜びなどはないと話していたが、組織に属し、代紋を持って、培ってきた歴史があるからこそ今があるのではないだろうか。

近くを通りかかった店員を呼び止め、こちらの顔を覗きこみ、「もう一杯だけ呑んでもかまへん?」と確認すると、幹部は生ビールを注文したのだった。

●CHAPTER4 ヤクザの話術

楽しみのないヤクザという生き方。まして、トラブルは常につきまとう。カタギのトラブルに介入するのはシノギのひとつであるし、常に利権を奪い合う習性があるゆえに、他組織とのイザコザは絶えない。いくら暴力を売りにしているからとはいえ、四六時中、暴力を振るって生きているわけにもいかない。

「ワシはヤクザじゃ！　パクられんのなんて怖ないねんど！　おぅこら！」

と怒鳴りながらも、警察の世話になるのは嫌なのだ。昨今のヤクザ犯罪への厳罰化は、緩まる気配すらなく、厳しさを増すばかり。ほんの些細なことでも、脅迫、暴行、傷害と事件化されやすい。すなわち、塀の中へと吸い込まれかねないのだ。そうであっても、某独立組織の組長は暴力の重要性を唱えている。

「なんで神戸山口組や絆會が、六代目山口組に勝てなんだか分かるか。先に理想を述べたからや。やられんでも、いつでもやったんぞ、何やったらこっちからしかけたるぞと思わすだけで、行動に移さんかった。対して、六代目山口組は虎視眈々と武力を行使し続けた。だが、山口組が日本最大組織になったのには、多くの暴力があったからや。事件の数だけ、血も汗も涙も流れてきてんねや。その歴史が今日の山口組を作り上げ、全国各地で根付いてこれたわけや。その歴史が神戸山口組にも絆會にもないのは仕方ない。どれだけの犠牲を払ってでも、組織を維持していやるという気概もなかった。もっとも、官憲の圧力の中で殺しまくるなんて不可能なわけで、組織を一から作り上げることはもう社会的にも世の中的にもできへんと言ってええやろう。決着がついたわけやないけれども、神戸と絆會に敗因があるとしたら、犠牲を払ってでも勝ち残る環境。時代に逆行する覚悟がなかった。その辺りにあったんやないか」（他団体某組長）

暴力至上主義とも聞こえる発言だが、これは抗争という非常事態に限った話だという。この組長は「戦わずして勝つのが理想や」とも話していた。現役のヤクザであったとしても目の前には、日常の暮らしが存在している。逮捕などされることなく、日常を守るために必要になってくるのがヤクザならではの言い回し。話術となってくるのである。

「ヤクザ同士であっても、カタギに対してでもそうや。カタギに対して、ヤクザと公言できんようになった状況下で、シノギをかけようと思ったら、ヤクザと明確に伝えずに、こちらはタダ者ではないと伝えなあかんわけや。そこの入口はほんまに些細なことや。例えばやな、『それやったら銭がかかりまんな。後先の物事はどう考えてはりまんのや』みたいな喋りは聞いてても脅迫でもなんでもないがな。それでもカタギの人間が、こんな話し

方をするか言うたらせんわな。ヤクザはどこまでいこうが、暴力がなければ意味がないし、メシが食えん。ええ人でおるならばやで、ヤクザをやる意味がない。今なんて収入を申告できんわけや。ヤクザに仕事を振った方も取り締まるようにした、暴排条例いうのがあるやろう。ほんなら、みんな無収入にせなあかんねん。収入があったらあかんねんからな。せやから、全員が全員、親分や言われてようが、組長や呼ばれて、ええ家住んで、ええ車に乗って、一般人では考えれん暮らしをしとっても、申告は無収入や。あんまり知られてへんけど、どんな組長もゼロ申告やから、国民健康保険料なんて、最低の4000円やねんで。ケチってるんやない。そうせな条例的に問題なるんや」

高級車で運転手に車を運転させて役所へと出向き、収入ナシと申告するというのである。新規に銀行口座を開設できない状況では、そもそも収入が記録に残るようなこともできない。だが、実際は無収入では人間の営みが成立しない。そのため、常に根底では暴力を真髄としながらも、話術で世間と付き合い、生計を維持する必要があるというわけだ。

「シノギだけやあらへんで。ヤクザ同士の掛け合いや交渉においてもそうや。舐められたしまいや。懲役を覚悟すれば、ケンカすんのは簡単や。でも、それじゃ身体がいくらあってももたんし、向こうも同じや。『何やったらケンカしたんぞ！』という雰囲気を言葉の端々から見せつけて主導権をしっかりつかんで、有利な状況で話し合いを終わらせなあかんのや。それが交渉力や。それは日頃の日常会話から意識しとかなあかんねん。あえて、世間のことをシャバとか、専門用語を使うのとは違うねんで。そんな言葉だけ使っても、ただのVシネマやんけって蔑まれることもある。『自分、新入生です！』と言うてるのと同じ。微妙なせめぎ合いがあるわけや」

例えば、どういう話術が、イニシアチブを握る交渉力につながるのだろうか。組長に一例をあげてもらった。

「掛け合いも様々やから、一概に言えんけれども、まず謝るんや。どんなケースでもかまへん。10対0で勝てる掛け合いであったとしても、最初にこちら側の些細な落ち度を全面的に出して誠心誠意、謝るんや。本来、こっちに分があるわけやから、相手は『いえいえ、滅相でもない』となるわな。そうなってから、本題に斬り込むんや。ウチはちゃんと詫びましたわな。こんなことくらいでも非を認めて頭まで下げましたわな。オタクらもそれを了承しましたわな。これくらいのことでも、ウチはオタクらの顔を立てて謝罪までしとんねん、オタクらはこっちの件に対して、どないしてくれまんねん、という具合や。先にこっちが非を認めて、それを了承させたら途中でそれを言い訳にできんがな。それでもグダグダ言うなら、『その件については謝罪して、オノレらもそれを了承したんと違うんかい！』『吐いたツバを飲むんやったら、話し変わってくんど！』と声を荒げて攻め込む。よくテーブルについても茶に手をつけんとか、食事に手をつけんなんて、そんなもんはどっちゃでもええ、あくまで掛け合いにテーブルマナーなんかあるか。攻め込む時は、余裕を見せつけるためにも、目の前の珈琲をガンガン呑んだるがな」

究極の心理戦である。そして落とし所としては、金銭的に折り合いをつけるというのである。

「ただ、目先の銭金だけやないで。『銭やない、メンツの問題や』と口で言うても生きて行かなあかんのはみんな一緒や。結局、生きていくには銭がいる。メンツだって、銭があればつくし、席に座る以上、お互いにケンカしても誰も得はせんって分かっとるからな。ただ、目の前の銭はすぐに溶ける。そんなんもうてもしゃあないというケースは意外に多い。例えば、相手の利権であったり、違法博打であったり、シノギに絡んでまうんや。取り上げるんやない。あくまで絡むのが結局、一番、リスクが少なく末長く利益になったりするんねん。トータルで見たら、目の前でもらう銭よりも大きくなったりするしな」

目の前に金銭を出されれば、誰でも手を出したくなる。生活が困窮すればするほど、その思いが強くなるのが人情だろう。だが、それをグッと我慢することで、最終的に儲かることがあるというのだ。

「何せ、ヤクザはええヤツでは務まらんねん。かと言うて悪いヤツやったら、所詮、ヤクザや。もう殺ってもうたる、と短絡的な発想につながる。そうなったら、身も蓋もないわな。あの世で、後悔している姿を見せられても、どうしようもないからな。ちょっとでも恩を売れば、太鼓叩いてラッパ吹いて、家を一軒建てたくらい騒ぎたてて、ちょっとでも何かされたら、人でも殺されたかというくらい批判する。根本的な考えはそんなもんとちゃうか」

確かに、取材時にヤクザの話術に引き込まれてしまうことがある。その一方で、記事にクレームをつけてくる時の執拗な物言いには閉口させられることも多い。例えば、訂正を出せと怒鳴り込まれた時のことだ。事実誤認ではないので訂正を出すわけにもいかない。そこで、妥協案として「次の機会に、先ほど聞いた話を書く」という提案をしたことがある。その際、「原稿の末尾に、こう付け加えますので」と言った途端、態度が豹変した。「ウチの組織が末尾？　ビリケツいうことか。コラ！」となったのだ。よく「あんたが書く原稿では1文字の間違いであっても、それでヤクザが死ぬことがあるんだよ」と言われることがある。今回は末尾という2文字が間違いなのかもしれない。それにしても、口から出た単語をとらえて執拗に攻められたので記憶に残っている。これもヤクザの話術というヤツなのか。そもそも弱きを助け強気を挫くという任侠道の本来の考えに反しているように思うのだが……。

「何を言うとんねん。ヤクザはあんたらも反社会的勢力や批判しとるのに、何を期待しとんねん。そんなもんは求めんな。ええことは分からんところでやんねん。表では相手の重荷にならんように、非難された方がええねんで。そこにワシらヤクザの需要があるんやから」

この組長は、どこまで本気なのだろうか。表情だけ見ると、子供のような無邪気な笑みを浮かべている。よく分からない。

●CHAPTER5　ヤクザ映画をヤクザが観たら…

ヤクザがいくら組織のために滅私奉公を強いられるとはいえ、それなりにプライベートな時間もある。当然、映画だって観ることはある。2021年1月、これまでのヤクザ映画の概念を覆す作品が全国で公開された。それは2020年に「新聞記者」で日本アアカデミー賞を受賞した藤井道人監督の新作「ヤクザと家族」だ。ヤクザが渡世上の家族すなわち自分の親分や兄弟分、その一方で本当の家族との間で揺れ動く話題作であった。また、同時期に、西川美和監督の「すばらしき世界」でも元ヤクザの社会復帰をテーマにしており、これまでの切った張ったのヤクザ映画とは一線を画していた。

両作品の主人公となったヤクザ。当事者の組員たちはこうした映画をどう観ているのだろうか。やはり、ヤクザたるもの社会派作品よりも、Ｖシネマに代表される旧来のヤクザ映画を観て自分を鼓舞していることのほうが多いのだろうか。

「Ｖシネなんて、あんなもん誰も観てへんがな。現実離れしていて、ワシらから言わしたら、（北野武監督の）『アウトレイジ』なんかもそうや。いくら映画やいうても、人を殺し過ぎや。ほんまやったら、これで何人が死刑になるねんて、気になって気になって、内容が頭に入ってこうへんがな」

と鼻で笑って、二次団体幹部は映画について話し出した。現在、彼が所属している組は事務所が使用制限を受けているため、当番などに入ることもないが、泊まりこみの当番などに入ると決まってＤＶＤなどを観て、暇を潰していたという。

「何回、観ても面白いってみんなが口を揃えて言うのが『仁義なき戦い』やな。あれはいつ観ても面白い。ヤクザはみんな映画とか結構、好きな人間が多いんや。ワシなんかも、そのクチでな。だから、どうしても辛口になるけど、前評判が良かった『孤狼の血』なんかも、ええ役者がでとんのに、ワシらの業界的には、全くやったな。その点、『ヤクザと家族』は、ワシらの業界でも評判良かったわ」

その理由はきわめて単純だった。「リアルだった」というのだ。もとより「仁義なき戦い」は、それまで東映が作ってきた任侠映画から実録路線へという転換点でもあったことからも分かるが、つまるところヤクザは自身が共感できるかどうかが、映画の良し悪しに直結しているようだ。

「『ヤクザと家族』には元ヤクザの幹部が監修に入ってるのやろ。そやから、ディティールにもリアルさがあった。そやから、ワシの周りでは観に行ったという現役は多かったで。何より扱っていたテーマが、ヤクザやっとったら、必ず直面する問題や。ワシもヨメさんや子供のことを考えることはあんねんで。よう、週刊誌や実話誌なんかでも、ヤクザの人権がどうこう書かれることはあるが、あんなもん能書きたれとるだけで、ちっとも身につまされん。その点、映画のほうがリアルやったし、奥深さがあった。『ヤクザと家族』に共感した現役は多かったはずや」

一方で、同時期に劇場公開された「すばらしき世界」はどうだったのだろうか。周囲の反応を含めて聞いてみた。

「ワシは観たけど、業界的には、あんまり話題にならんかったな。ワシの感想？　そやな、分かりやすいけど、暗いねん。クサすわけやないけど、『ヤクザと家族』はいちいちディティールにこだわってたけど、『すばらしき世界』には、それが感じられんかった。特に、刑務所の描写はよくない。懲役を何回もいっとるヤツが、親指を曲げたまま気をつけなんかするわけないやん。何でちゃんとせんかったんかなって、『ヤクザと家族』のあとに観に行っただけに、余計に気になって仕方なかった。あと、『すばらしき世界』は法務省が関係しとるやろう。この前、刑務所に身内の面会に行ったら、堂々とポスターが貼ってあったわ。それでやろな、官に寄り過ぎやわな。官に寄ってるいうだけで、ワシは共感はできんわ」

映画評論家のように、雄弁に、かつ辛辣な意見を並べ立ててくれた。が、それはただ批判しているだけではない。一般人の視点とは違う角度からヤクザは、少なくともこの幹部は映画を観ていることが分かった。

「ヤクザは花火と一緒や。おもろい、楽しいのは、ほんの一瞬で、パッと咲いて消えるだけや。すぐに消えられるかといえば、そうやない。そこには侘びしさや不条理が存在するねん。そこを描ききった映画をワシは観たことなかった。それだけに『ヤクザと家族』は、現役やったら誰もが、胸が苦しなったって言うわ。『すばらしき世界』もおもろかったで。ただ、抗えんような不条理の匂いは嗅ぎ取れなんだな。映画としてヤクザの不条理を描くべき必要があるか、ワシにはよう分からんねんけどな」

自身の日常に重ね合わせて映画を観る幹部には、もう少し他の映画についても聴いてみたくなった。

「今、ぶっちぎりでおもろいのは韓国のヤクザ映画や。展開のスピード感がええし、また荒々しいのがええ。Vシネなんかより、圧倒的におもろいって皆が言いよるで。残念ながら日本には韓国映画を超えるようなヤクザ映画がないやろう。それが出たら、ヤクザ映画の最高峰、『仁義なき戦い』とも肩を並べるのと違うか。ワシの聞いた話では、ほんまかどうか知らんねんけど、それを超えたろと日本で準備している映画が作られているという噂もあるらしい。映画好きのワシとしては観てみたいわな」

最後、これまで観た映画で1番良かった作品は何だったのかと尋ねてみた。男はしばし思案したあとでこう答えてくれた。

「一本だけに絞るのは難しいわ。『仁義なき戦い』シリーズ以外の3本ということにさせてえな。まずは、『その男、凶暴につき』と『スワロウテイル』やな。それに今回の『ヤクザと家族』の3本やろな」

ヤクザが登場する映画ばかりの中で、なぜ「スワロウテイル」なのか。どうにも不思議でならないのだが……。

「あの映画のワンシーンで、拳銃を横にして撃つ場面があんねん。それが、カッコ良くて、ついつい何度も観ているうちに、あの世界観に魅了されてしまったんや」

ヤクザは誰もがVシネマが好きなのがと勝手に思い込んでいたのだが、どうも誤解だったのかもしれない。

●CHAPTER6 ヤクザとは究極のボランティア

もう男はこの世に存在しない。だが、数年前までこの世に確かに存在していた。2年の付き合いになっただろうか。この取材を始めた頃、先輩から「クセが強いが、信用できるヤクザ幹部がいる。情報力はすこぶる高い。面倒見は良い反面、突然キレることがある。その時は決して抗わず、言い返さず、ただ聞き流せ！　それができるのなら紹介してやる」と言われたように記憶している。でも、男から怒られたことはなかった。不思議と馬があった。

「ヤクザいうのはウソつきや。隙を見せたら金に変えたろうとすんねん。何かあったら、はっきり断る。『できないことは、できないとはっきり言いますよ』と、オマエらみたいのはよう言うが、これも曖昧でオレは嫌いや。分かったか？　少なくともオレには言うな。オレはそれを言われたら、ムキになる」

ヤクザの考え方から行動のイロハなど、ヤクザのなんたるかを教えてくれたのも、この人だった。決して着飾ったりしない。プライドは高いが、大風呂敷を広げることはしなかった。決して、この幹部を美化しているわけではない。それがこの幹部の長所でもあり、短所でもあった。無防備なほど、相手に自分をさらけ出した。そして相手も自分を信用し、ありのままをさらけ出すことを好んだ。いや、求めていた。だからこそ、そこに軋轢が生じたのだろう。純粋に無防備だというわけではなかった。無防備の裏側には、暴力を崇拝する者が持つ独自の陰が見え隠れしていた。そんな人物だった。

「ウソがめくれたら、かっこが悪いやろう。だから、初めに自分をさらけ出しとくんや。ほんなら恥もかかんで済む。食えん時は、金を出さすんやない。金を出さす雰囲気を作るんや」

そう言って、笑っていた。これからの人生で、どんな選択をすれば、そのようなシチュエーションを迎えるというのか。出会った当初は、皆目検討がつかなかったが、今なら少し分からないでもない。

「ヤクザいうたら、お題目みたいに生き様やの生き方やと言うやろ。あれは、ウソやな。厳密に言うたら奉仕活動。究極のボランティアや。もちろんメシ食うために、自分でシノギを開拓していかなあかん。何せ、組いうのはボランティアの集合体やからな。銭なんてくれるわけないやろう。こんな言い方したら語弊があるかもしれんが、逆に奉仕活動を維持するために、子が親にシノギをさせへんシステムが構築されとる。なんでか分かるか？　親にシノギさせて、親が万が一でもパクられるようなことがあったらあかんいうことや」

やはり、個々の組員が罪を犯して収益を得た金を組に入れて、それがトップへと流れる。俗に言う暴力団の資金源になっているということなのか。だからこそ、トップには被害が及ばないようになっているということなのか。

「そんな時代も確かにあった。だが、それも昔の話や。ヤクザが銭を作るいうたら、違法行為というのはイメージの世界や。渡世名を使わず、本名で現場作業に出て、週1回の仕事休みの日が当番なんてケースも珍しいもんやない。そっから会費を払うねんからな。飲食店なんかでも、昔は嫁や親族にやらせてたんが、今じゃ本人が厨房入って料理したり、オーダー取ったりしてる場合もある。これが犯罪収益かといえば、常識的に違うやろ。背に腹を変えれんから、ヤクザやりながら額に汗して必死にやっとんねん。ま、それも甲斐性がないと言われたら、それまでやけどな」

額に汗して働くことは、世間一般では褒められることだ。が、親分や兄貴分から「今、なにしとんねん？」と連絡があれば、「建築現場に出ています！」と答えてはならない。「今シノギしてますねん」でないといけないらしい。なぜならば「現場作業やと？　ワシに恥をかかせるのか！」と叱り飛ばされてしまうというのだ。常にヤクザはメンツを保たなければならないのだ。世間から暴力団、反社と忌み嫌われながら、マジメに働いていることを隠して、ヤクザらしく振る舞うとは、なんとバカバカしいことかと思ってしまった。

「そやな、時代錯誤も甚だしいわな。ただ、それでも組織に所属していなければ、ニートになってまうやろう。ええ大人が、年金もない、社会的信用も一切ない。挙句、ニートになってみ。明らかな人生の敗北者やろ。それをヤクザやってたら、確かに人生の落伍者かもしれんが、オレはヤクザやって矜持が生まれるんや。もちろん、気持ちだけでメシは食えんのやけどな。一時的に今、羽振りがええのは、半グレを抱えてるヤツらやわな。半グレのメインは特殊詐欺や。完全な違法行為、犯罪や。何かトラブルがあっても、サツに泣きつくなんかできへん。そこにオレらの需要がある。俗に言う面倒見や。ただどこの組織でも、特殊詐欺については、建前は禁じてる。なんでか分かるか？」

やはり任侠を重んじるヤクザが、年寄りという弱者から金銭を騙し取ることは、道理的にも許されることではないからだろう。

「それも一理ある。確かに、ないことはない。ゼニにゆっくりできるだけの財を成している一部の親分衆の中には、そう考えてる偉いさんもおる。ただ、それも建前といえば建前や。さっきも話したけど、現場の組員らを見てみ。働くなんてできへんからヤクザやっとる人間が、作業着を着てバイトしてる時代やねんで。そこまで切迫してんねん。キレイ事だけやない。建前でも禁じてなあかんのは、使用者責任の問題が大きい。組員が大掛かりな特殊詐欺で逮捕でもされたら、そこのトップが使用者責任を追求されて、巨額の賠償金を請求される。そういう判例も出てもうとんねん。じゃあ、裁判所が強制執行して、親分の資産を持っていくなんてことはできるかいうたら、それは無理やろう。そもそも親分名義の資産なんて、ほぼほぼ存在してへんのやからな。それに、銭の問題だけで済むなら、それほど上層部も焦ってはない。賠償金を実際、支払うのはキツいことやけど、使用者責任という民事の問題である間はなんとかなると考えている。そこから刑事事件へと発展することが一番、イヤなはずや。使用者責任が積み重なって、いつか末端組員の犯罪でトップまでパクることができる法律を作られるかもしれん。それを恐れとるから、ヤクザは特殊詐欺を禁じる。シャブも同じや。建前ではどこも禁じているけど、シャブのマーケットを取り仕切っているのは、どこまでいってもヤクザや。今風に言うたら反社と言うた方がええんか。だから表向きは禁止してるが、裏では半グレを使ってでも儲ける、そういう構図ができとるわけや」

そう言って笑みを浮かべる幹部。屈託がないと言えば良いのか。卑下するわけでもなく、かと言ってヤクザを美化するわけでもない。自らを取り巻く環境を冷静に理解しながら、

分析ができている。だからこそ、幹部には余裕が感じられた。やはり、この幹部も半グレを抱えているのだろうか。

「そんな若いヤツらに友達なんておらんがな」

と笑い飛ばしながら、自身のシノギについては明かすようなことはしなかった。

「子供もおるし、いかにパクられずにメシ食えるか。今はコロナが蔓延しとるから、組に身体を取られへんぶん、シノギもかけやすい。オレらの世界は、こういうイレギュラーな状況に強いねん」

この幹部の口からは「もう懲役にはいかない」と何度か聞いたことがある。子供たちのため、家族のために、迷惑をかけられない、と考えているのがありありと伝わってきた。

「だったら、カタギになったら良いじゃないですか？」

取材中、何度も喉元まで出かかった言葉だ。そう言ったところで、幹部の生き方を変えることができないことは、彼を知れば知るほど理解できた。冷静に業界全体を見まわして厳しい現状があることを理解していたのに、決してヤクザを辞めようとはしなかった。器用にみせかけて、やはり不器用なのだ。

「人の親になって、親の気持ちが分かるいうけど、あれはほんまやでな。娘も息子も普通でかまへん。普通に結婚して、子供を作って、普通に暮らしていって欲しいわな。オレが孫の顔を見たいなんて思うのは、おこがましいやろう。とはいえ、子供たちが結婚するような時に、向こうの親にも会えんわな。そう考えると、何でオレはヤクザなったんやろな」

また笑った。幹部が望んでいたように、もう懲役に行くことはない。幸せだったのだろうか。もしこの世を去った幹部に聞けるのなら、そう質問してみたかった。

きっと彼ならば、即答で「後悔しかないわい」と答えたあとで、また少年のような表情を作り、悪戯っ子のように笑ってみせただろう。

佐々木拓朗
（ささき・たくろう）

10数年にわたってアウトロー取材をしてきた元編集者。現在はフリーライターとして自身の経験や独自の人脈を生かした情報発信を行っている。ウェブサイト「日刊サイゾー」や「ビジネスジャーナル」などに執筆。本作が佐々木名義で初の著作となる。

令和ヤクザ解体新書

極道記者が忘れえぬ28人の証言

2021年8月30日　初版第一刷発行

［著者］

佐々木拓朗

［発行者］

揖斐　憲

［発行所］

株式会社サイゾー

〒150-0043

東京都渋谷区道玄坂1-19-2 スプラインビル3F

電話　03-5784-0790（代表）

［印刷・製本］

株式会社シナノパブリッシングプレス

ISBN 978-4-86625-144-8